Albin Beck
Ordnung muss sei

Albin Beck

Ordnung muss sei

Heitere Begebenheiten
aus dem schwäbischen Alltag

Illustriert von Uli Gleis

Silberburg·Verlag

Der Autor: **Albin Beck,** geboren 1935 und auf-
gewachsen in Sontheim zwischen Ehingen und
Biberach, war bis zu seiner Pensionierung Direktor
einer genossenschaftlichen Bank in Ehingen an der
Donau. Im Silberburg-Verlag sind bereits einige
sehr erfolgreiche Mundartbände von Albin Beck
erschienen.

Gedruckt mit freundlicher Unterstützung des
Fördervereins »Schwäbischer Dialekt« e.V.

1. Auflage 2010

© 2010 by Silberburg-Verlag GmbH,
Schönbuchstraße 48, D-72074 Tübingen.
Alle Rechte vorbehalten.
Umschlaggestaltung: Uli Gleis, Tübingen.
Druck: Druck- und Medienzentrum, Gerlingen.
Printed in Germany.

ISBN 978-3-87407-885-6

Besuchen Sie uns im Internet und entdecken Sie die Vielfalt
unseres Verlagsprogramms:
www.silberburg.de

Inhalt

Ordnung muss sei

Im Jakob sei Anwesa ist am Ortsrand glega, auf ra kleina Anhöhe. Er hot sei Höfle ganz alloi umtrieba, seit seine Eltera kurz nochanander gstorba send. Und wia's halt oft goht bei Altledige, langsam isch's bergab ganga – mit'm Ma und mit'm Höfle.

Sei Mutter hot zu Lebzeita immer scho gjomeret: »Oh, eiser Jakob kriegt koina und mir hent doch so a schees Gütle.« Aber heutzutag heiratet d'Mädle eba da Kerle und nimme 's Gütle. Und natürlich hot dr Jakob au a bissle spät »Hier« gschrie, wo ma d' Schönheit vrtoilt hot. Von dera Seita her also hot'rs au it leicht ghet. Außerdem hot'r bevorzugt Gummistiefel traga, eigentlich allaweil, und dia send bekanntermaßa it bsonders sexy.

Noch'm Tod von seiner Mutter hot sich a Tanta als Kupplere vrsucht. Se hot'n überall anbotta wia toigige Bira. »Aus dem Kerle kam ma ebbes macha«, des war ihra Standardformulierung. Im Umkehrschluss hot des natürlich au ghoißa, dass'r nix oder zumindest *no* nix gwea ist.

Dr Jakob ist au jedes Johr älter wora, vierzig, fünfzig, und so langsam ist'r in Regiona neigwachsa, wo oim it amol meh de Überständige angucket. Und 's ist immer weiter bergab ganga mit'm. Er ist ziemlich vrlotteret drherkomma. Potenzielle Hochzeiter sehet anderest aus! Und finanziell hots au klemmt. Koi Wunder, so wia der gwirtschaftet hot.

Im Jakob hot hinter seim Stadel no a größers Grundstück g'hört. Doo ist bloß Gruscht rumg'lega, g'wachsa ist it vill. Am a schöna Tag hot'n oiner aus'm Ort g'froget, ob er sein verrosteta Toyota a Zeit lang auf dem Grundstück abstella derf, er däb'm fünfzig Euro zahla. Fünfzig Euro send fünfzig Euro, hot dr Jakob denkt und den Karra nastella lau.

Noch ma Vierteljohr ist der Rostkübel no doo-gstanda. Au noch ma halba. Was übergangsweis an-glegt ist, hot immer au an Hang zum Ewiga. Noch zwölf Monet war der Japaner fast ein- und an-gwachsa.

Und noch hot nomol oiner g'froget, ob er sei Schrottkista au drzustella derf. Er hot derfa, weil dr Jakob wieder Geld braucht hot. Noch ist dr Nächst komma. Und weil dr Jakob immer Geld braucht hot, send irgendwenn a halbs Dutzed so Blechleicha hinter seim Stadel vor sich nag'rostet. Dui Quasi-Vrschrottungsprämie hot'r in dem Zammahang, lernfähig wia er war, laufend erhöht.

Irgendwenn ist vom Landratsamt a Brief komma, dui Schrotthalda sei ordnungswidrig, er müss se be-seitiga. In unserm bürokratischa Vorschriftastaat muss alles sei Ordnung hau, au d'Unordnung. Dr Ja-kob hot denkt, des goht mi nix a, dia Kärra g'höret jo it mir und hot den Brief verrissa.

A paar Wocha später ist wieder a Schreiba komma. In besagter ordnungswidriga Anglegaheit ist'r jetzt vorglada worra. Dia Kärra hent'm aber immer no it g'hört. Drum hot'r au *den* Brief verrissa.

Im nächsta Schreiba hent se mit Geld- oder Haftstrofa droht. Da Jakob ist au des nix anganga. Des waret nach wie vor it seine Blecheimer. Dia send im Dornröschenschlof auf dera Wies g'lega und er hot it im Traum dra denkt, den Zustand in absehbarer Zeit zu beenda.

Da vierta und da fünfta Brief hot'r gar nimme aufgmacht. Zu was au. Dia könnet mi ...! Er war sich seiner Sach sicher. Dr Ortsvorsteher hot'n g'warnt, die alte Huster müsse vorschriftsmäßig entsorgt werra und er müss au sei Strof zahla. Strof? Ja, Strof. Er häb doch an Strofzettel kriegt. Doo hot dr Jakob bloß g'lachet und Strof Strof sei lau.

Irgendwenn ist am a Morga a Polizeiauto vorgfahra. Zwoi Polizista sind ins Haus marschiert, hent dem Jakob an Fetza Papier unter d'Nas g'hebt und hent'n mitgnomma. Er hot heftig protestiert, die Kärra g'höre gar it ihm, aber des hot die Herra it intressiert. Dia hent bloß ihra Pflicht dua.

Dr Jakob ist also in Haft g'sessa, Beugehaft vrmutlich. Dahoim hent se sich Sorga g'macht um den Einbuchtata. Der arm Kerle! Doo muss ma ebbes unternehma! Dr Pfarrer und dr Ortsvorsteher sind bei dr Behörde vorstellig worra. Der zuständige Beamte hot dene zwoi erklärt, 's Amt sei im Recht, g'setzlich sei ihne gar koi andera Wahl blieba. Der

Sünder häb auf nix reagiert. In Anbetracht von dene besondere Umständ aber ... blablabla. Im Klartext: Warta, alles goht sein g'weista Weg.

Genau noch ra Woch hot Polizei den Häftling wieder hoimbrocht, rekordvrdächtig schnell, im Vrgleich zum normala Behördatempo. Dr Ortsvorsteher und a paar aus dr Nochberschaft send zu seiner Begrüßung komma und hent'n gfroget, wia'sm gang und wia's ganga sei im Loch.

Dr Jakob war bestens aufglegt. »Mir gohts guat. Und so guat wie im Gfängnis isch's mir no nia ganga. I hau trocka ghet, warm und regelmäßig mei Essa, vill besser wia dahoim. Und schaffa hau'ne au it messa. *I werd nia meh an Strofzettel zahla!* Dia sollet me mitnemma. Noch goht mirs guat.«

Des hot die Herra beeindruckt. *So* angnehm also isch's im Knast! Koi Wunder send dia Gfängnis alle überfüllt! Und se hent sich sottige Sorga gmacht! Ma könnt fast in Vrsuchung komma und au amol an Urlaub beim Vater Staat bucha, bei freier Kost und Logis.

Dr Jakob aber hot Pech ghet. Dia ausrangierte Blechkübel auf seim Grundstück waret alle vrschwunda. Oi rechtmäßiger Besitzer noch'm andera hot sein Karra wieder g'hollet ghet. Alle hent a schlechts Gwissa kriegt. Koiner hot wella schuldig sei, dass dr Jakob einsitza muss.

Und der hot drum einseha messa, dass'n Polizei nimme abhollet zur staatlicha Rundumversorgung. Zumindest it wega dene alte Rostlauba.

Jugend von heut

In meim Alter moint ma oft im a Anflug von Selbstüberschätzung, de andere seiet alt, bloß selber, also selber sei mo no spritzig, flott, no im besta Saft. Gelegentlich allerdings kommt ma ins Grübla. Vor Kurzem hau ne feststella messa, dass zwischa dr Jugend von heut und mir Lichtjahre liega könnet.

Mir hent a Radtour gmacht und unterwegs hemma Durst krieagt. Was leit do näher als einkehre? Also hent mir uns in nächsta Biergarta gsetzt. Früher hot des Freiluftlokal dr Krona ghört, jetzt im Cicerone. Dia Lokalitäta hent heut so »schwäbische« Nama. Ochsa, Adler und Engel klinget z'brav, doo fehlt drive, power, action. Und dr Boizer stammt heut jo sowieso aus Sizilien oder Anatolien.

Wo mir 's erste Mineralwasser trunka ghet hent, ist a Pärle komma.

Dia zwoi send an da Tisch neber eis gsessa, ois hanna, ois danna. Er, a Kreuz wia d'Eigernordwand, an Ranza wia a Hängebauchschwein und an Schnauzer wia dr Schinderhannes. Ums Kee rum a bissle so … na ja … Filz, a Mischung aus Hoor und Federa. A Hemmad hot'r kois anghet, bloß a Unterhemmad, a Muscleshirt. Und was für ois! Mit so oim wär i it amol ins Bett ganga, doo hätt i mi gschämt. Um da

Hals send'm a paar Kettala ghanget und überall, wo
's Unterhemmad Öffnunga ghet hot, ist's raus-
gwucheret wia ausm Urwald.

's Mädle war a netta Dinge, a hübsch Gsichtle, a
Figur ... it grad wia Claudia Schiffer, trotzdem nett,
a bissle stotzig, aber doch mit ma leichta Anflug von
Taille. Des Mädle ischt auf de ander Seita vom Tisch
gsessa, und wo se richtig gsessa ischt, hot se ihren

Busa umständlich auf'm Tisch ausbroitet, wia Auslegeware. Jawoll! I kenn me do jo it so aus, aber angnomma, 's Voluma von besagtem Körpertoil dät ma in zehn Größaklassa eitoila, noch hätt dui elf ghet. A wesentlicher Toil von dem Busento hot in dem Gfängnis koin Platz ghet und hot drum brutal ins Freie druckt.

Der Kerle ist also genau vis-à-vis von dem Mädle gsessa, direkt in dr Eiblickschneise. Obwohl er hätt aus ra intressanta Perspektive tiefe Einblicke in de weiblich Anatomie krieaga könna, hot der bloß so vor sich na trialet, amol a bissle noch links, dann noch rechts gucket und sein Kaugummi von West noch Ost gschoba. I hau des it vrstanda könna. Dera ihre spätbarocke Vorbauta hent d'Auga magisch azoga. Bloß bei dem Tarzan it.

Wo d'Bedienung komma ist, hot'r bellet: »Hefewoiza!«

's Mädle hot schüchtern gfroget: »Was soll i trinka?« Aber er hot it reagiert. Nooch ma ganze Weile, d'Bedienung hots fast vrrissa, sait se: »Bringet Se Smirnoff Ice.«

Des Fräulein hot dia Bstellunga brocht. Und noch hent se a Schweigeminute eiglegt. A halba Stund lang. Absoluta Stille.

Irgendwenn sait des Mädle: »D'Claudia ist scho im sechsta Monet.«

Und er druf: »Geil.«

Noch wieder a endlosa Pause, bis des Mädle des kontemplative Schweiga erneut unterbrocha hot:

»Im Fuzzy sei Kawasaki ist scho wieder he.«

Und er: »Geil.«

Dann send se wieder doogsessa wia zwoi Taubstumme. Ewig lang. Zmol isch dem Mädle vrmutlich z'dumm worra und se hot dui Andacht wieder unterbrocha: »I hau am Freitig an Zahnarzttermin.«

Und er: »Geil.«

A bemerkenswerta Konversatio. Zwischanei hot der Bär bloß immer wieder a Hefewoiza bstellt, sein Kaugummi bearbeitet und drbei a Schnuta nazoga wia Aff am Nordpol.

Noch'm vierta Woiza, i hau no mit mei'm ersta Schorle weiß-sauer, kämpft, hot'r dr Bedienung gwunka. »Zahla!« An Ton hot'r an sich ghet wia Oberfeldwebel.

Zur Freundin num hot'r gsait: »Mir messet heut zu dir. Meine Leut hent Bsuch, sonst messa ma Griaß Gott saga.«

»Egal«, hot dui gmoint.

»Hoscht a Bier dahoim?«

»Jo.«

Wia emotionslos des alles komma ist! Bei boide! Wia wenn ma sait: Morga ist Mittwoch oder heut scheint d'Sonna.

Also wenn bei eis früher sottige Aussichta gwunka hättet, mit ma Mädla hoimganga und au no aufs Zimmer – undenkbar sellamol! – also bei sottige Aussichta, doo hätt dr Kaugummi im Maul – wenn ma scho oin ghet hättet – rotiert wia Wirtshausventilator, doo hättet mir nimme gwisst, was hinta und

vorna ist. Aber dia zwoi send kalt blieba wia Grön-
landeis. Dia hent alles scho hinter sich ghet.

Der Gorilla hot nomol an seim Glas zoga, ob-
wohl's scho lang leer gwea ist, und des Mädle hot
ihre Busa zammagsucht. Noch send se aufgstanda
und ganga. Wortlos.

Mir hent anander bloß agucket und denkt: Gott
sei Dank geits au no andere.

A hinterlistigs Abenteuer

A Lebensmittelfilialist, oiner von de kleinere, hot im a schwäbischa Städtle an Ableger unterhalta. Wia bei andere au hot ma überall g'sparet, au an de Klo. Und des ka ins Aug ganga.

Am a Mittwochnochmittag ist a Frau zur Tür neigrauscht und auf a Vrkäufere losgsauet: »Sia, wo ist doo 's Kunda-Klo?«

»Kunda-Klo? Hend mir kois«, hot se dui kühl abgwimmlet.

»Aber Sia messet doch a Kunda-Klo hau!«, hot sich dui Frau aufgregt.

»Noi, des brauchet mir it. Für unser Größe vrlangt des dr Gsetzgeber it. Und was it vorgschrieba ist, braucht ma it.«

»Aber i muss dringend aufs Klo!«

»Mir send jo auf dr grünen Wiese«, hot dui Vrkäufere eiskalt zruckgeba und dui Frau mit ihrem Problem im Unterleib standa lau. Was dui noch in ihrer Vrzweiflung dua hot, des hot se it intressiert.

Vierzehn Tag später ist bei dem Supermarkt a Schreiba vom a Rechtsanwalt einganga. Der Advokat hot dera Firma Vrhandlunga über an außergerichtlicha Vrgleich, über a Entschädigung in besagter Anglegaheit vorgschlaga. Weil dui Frau it aufs Klo könna häb, sei se traumatisiert und häb a schlimma Phobie entwicklet. Se könn nimme alloi in d'Stadt; se brauch immer a Begleitperson.

Dia Briefempfänger waret sich schnell einig: Wenn des Weibsbild in d'Hosa kacket, ka des it eiser Problem sei und hent des Schreiba ignoriert. Au auf a weiters Schreiba hent se it reagiert. Aber dui Frau war hartnäckig. Irgendwenn ist der Fall dann vor G'richt g'landet.

Doo hot dr Klägeranwalt beantragt, dui Firma zu Schadensersatz zu vrurteila; der beklagte Lebensmittler: Abweisung der Klage. Noch hot dui guat Frau ihra Malheur schildera derfa.

Also sui häb dringendst a großes Gschäft macha messa. Im Lada häb ma se abgwiesa. Wo hätt se na solla? Überall Leut. 's gab absolut koi Möglichkeit.

»Und die grüne Wiese?«, hot dr Richter gfroget.

Sui häb koi grüna Wiese gseha. Se häb sich ins Auto vrdrucka messa. Bloß so häb se ihra menschlicha Würde und ihra Würde als Frau bewahra könna.

Auf vorsichtige, aber notwendigerweis indiskrete Froga vom Vorsitzenda hot se vrzehlt, was auf dem Rücksitz abgloffa ist, wia se sich g'schämt häb, wia umständlich des war, wia eng, dui Luft in dem hermetischa Not-WC, dass des ... na ja ... Zuig it alles in dr Unterhos Platz ghet häb, ebbes auf'm Schonbezug g'landet sei, weils quantitativ oifach z'vill war und außerdem no inkonsistent. Und immer dui Angst, dass se jemand überrascha könnt! Schließlich, wia se unter dene Umständ hoimkomma sei. Oifach furchtbar!

Wenn so a Dame – und als solcha hot se sich gseha, wia se immer wieder betont hot – wenn also so a Dame schilderet, wia se sich auf 'm Rücksitz erleichteret hot – messa hot! – noch hot des au an ganz beachtlicha Unterhaltungswert. Se hot dui anrüchig Prozedur so anschaulich vortraga, dass au dr Richter dia Anal-Lektio ganz offasichtlich genossa hot.

19

Dann ist als oiziga Zeugin dui Vrkäuferin auftret-
ta. Auf a entsprechenda Frog vom Richter hot se
g'moint: »I hätt dui Frau scho aufs Klo g'lau, wenn
des a Kundin g'wesa wär und wenn se normal
g'froget hätt. Aber so ... mir send doch koi öffent-
licha Bedürfnisanstalt.«

»I hätt scho no einkauft«, hot Klägere drzwisch-
zennet.

»Was hättet Se einkauft? Klopapier? Hent mir gar
it im Angebot. Sia hent jo it amol a Tascha drbei
ghet. Außerdem glaub i gar it, dass Sia im Autooo ...«

»Unverschämtheit!« Des Weib auf dr Klägerbank
ist schier ausgflippt.

Aber genau dui Frog ist immer unausgsprocha im
Raum g'standa. Grad auf dem Gebiet hot sich de
letzte Johr einiges in de falsch Richtung entwicklet.
Wenn früher oiner gfalla ist, noch ist'r schnell wie-
der aufgstanda, dass'n möglichst koiner gseha hot.
Wenn heut oiner fällt, froget er z'erst wer zahlt, be-
vor er sich wieder aufrapplet. Und noch geits no so
Spezialista, so windige, dia wellet aus'm kleinsta
Malheur Kapital schlaga.

Weil's bei dera Aktio auf'm Rücksitz logischer-
weis koine Zeuge geba hot, hot dr Richter dera Frau
ihra plastisch g'schilderta Versio glauba messa –
oder au it.

Dui Vrkäufere hot dann no ausgsait, auf'm Hof
seiet einige Container gstanda, doo hätts also durch-
aus Möglichkeita geba. Und, hot se gmoint, zwischa
de erste Ankündigunga dass ma ... na ja ... muss ...

und dr eigentlicha Aktio lieg jo in dr Regel a ausreichend langa Inkubationszeit.

Doo hot des Weibsbild gschriea, sui häb Diarrhöe ghet, also Dünnpfiff.

Dr Vorsitzende hot sich nooch dr Beweisaufnahme bloß kurz zur Beratung zruckzoga. Noch hot'r vrkündet, der Fall sei koi strafbarer Tatbestand und hot dui Klage, unter lautstarkem Protest von dr unterlegena Partei, kostapflichtig abgwiesa. Ob se jetzt tatsächlich im Auto ... hot gar koi Roll meh g'spielt. Und dui angeblich Phobie, hot dr Richter gmoint, däb sich noch ihrem starka Auftritt bei dr Vrhandlung sicher bald vrliera.

Ma könn bloß hoffa, dass se noch dera Lektio nimme im Auto ... und doo hot'm a damaadäquater, a ladyliker Ausdruck g'fehlt. Vielleicht hätt'r defäkaliera saga könna oder Ausscheiden der Stoffe, dia vom Darm it resorbiert weret, samt de unverdauliche Reste von dr interzellulara Verdauung – dass se also des nimme tua muss. Auf normal schwäbisch hätt'r oifach saga könna: dass se nimme ins Auto scheißa muss.

Hochzeitsglocka

Wenn ma zu ra Hochzeit muss, gar zu ra Hochzeit vom a Cousin, wo alle Vrwandte kommet, noch will ma natürlich zoiga, was ma hot, was ma ischt, seltener, was ma ka, weils doo meistens it vill zum zoiga geit.

Um zwoi am Samstig war Hochzeitsmess. Dr Hans und d'Andrea hent z'Fuaß knapp fünf Minuta ghet bis zur Kirch. Um Viertel vor hot dr Hans drängt: »Langsam wird's Zeit. Jetzt duast de doch scho a halba Stund anmola oder was woiß i.«

»'s ist no Zeit g'nuag«, d'Andrea hot dui Dränglerei g'nervt, ihra hots it pressiert.

Fünf Minuta später hot dr Hans d'Stieaga naufgschriea und desmol a paar Grad energischer: »Du, ma läutet scho zamma!«

»Mir messet jo it anfanga«, ischs von oba zruckkomma. »I be glei fertig. I muss bloß nomol gschwind aufs Klo.«

Nerva hot des Weib! 's ist allaweil 's Gleiche!

Noch hot ma d'Klospülung ghört, und d'Andrea ist glei druf na Treppa rag'rauscht. Se hot sich vor'm groß a Gardrobaspiegel aufpflanzt zur Endkontrolle.

»Jegges!«, schreit se zmol, »meine Strümpf! So ka ne it ganga.«

Wia a Strich isch se d'Stiega naufgfloga ins Schlofzimmer. Dr Hans hot unta scho amol da Mantel aufghebt. Se het bloß no neischlupfa derfa.

»Jetzt no langsam«, hot se dea Ma bremst, wo se wieder rakomma ist. »Wo ist mei Täschle?«

»Doo leits! – Send no drei Minuta!« Der Hans hot kochet.

»I ka nix macha!«, hot se bellet, 's Täschle aufgmacht und gstöhnt. »Heidanei, mei Kamm, mei Lippastift? – Hau'ne dia im Bad liega lau?«

Tack-tack-tack-tack ist se nomol Treppa naufgschossa. Im Naufrenna hot se no gschriea: »Und aufs Klo muss i erst au nomol.«

»Ja sag amol, jetzt goscht 's dritte Mol aufs Klo in zehn Minuta! I glaub, du hoscht a Sanitär-Phobie! Jetzt werscht au bald leer sei! Des ist jo furchtbar!«

Dr Hans ist schier vrzwatzlet.

Tschschsch … d'Wasserspülung ist wieder ganga, und noch ist des Weib wia Habicht im Sturzflug d'Stiega rakomma und nei in Mantel, dass da Hans fast umgnomma hot. Aber des war wohl a bissle zu rasant.

»Kascht it aufpassa!«, hot se den guta Ma agfahra. »Jetzt hoscht meine ganze Hoor vrstrublet.«

Vrstrublet? A paar Härla leicht touchiert. Meh war it.

Se hot jedenfalls da Kamm g'nomma und in ihrer Krona rumgnestlet, vorsichtig, wia a Chirurg.

»Ist hinta jetzt alles okee?«, hot se no ma Weile gfroget.

»Alles okee! – Könna ma jetzt endlich ganga? 's hot grad g'schlaga. Bis mir in Kirch kommet, send se bei dr Opferung!« Da Hans hots schier vrrissa.

»I glaub do hinta stimmt doch ebbes it. Do muss i selber nomol gucka.«

»Noiii …! Jetzt sauet dui nomol doo nauf! – Aufs Klo musst sicher au nomol.«

»Jo, muss i.« Und se ist wieder Treppa nauf wia a Raket.

Ma muss des Weib vrstanda. In Sacha Hoor hot se ihrem Ma nix zutraua könna, weil der scho seit zehn Johr a Vollglatze ghet hot.

Dr Hans hot ständig von oim Fuß auf da andera gwechslet und mit de Zäh knirscht. »Des ist zum Bäum ausreißa«, hotr vor sich na g'schmipft.

D'Klospülung ist wieder ganga und d'Andrea ist ganz unschuldig Treppa rakomma: »So, jetzt könna ma ganga.«

»Endlich!!«

»Hoscht da Hausschlüssel und da Schirm?«, hot se gfroget noch ma allerallerallerletzta Blick in Spiegel.

»Jo, hau'ne.«

»Also los!«

»Ja … ja zum Kuckuck, jetzt muss i aufs Klo!«

»Aber des derf it wohr sei! Scho a halba Stund hättest Zeit ghet! Scho a halba Stund stohst rum und goschest dumm. Und jetzt fällts dir ei. – Also des ist wieder typisch Ma! – Jetzt komma ma halt zur Wandlung in Kirch.«

Ganz so schlimm isch dann it gwesa. Kurz vor der Opferung send se zum Hintereigang neigschlicha.

Nooch dr Hochzeitkirch hot d'Nochbere g'lästeret: »Heut sendr aber recht spät aufgstanda.«

»Jo, wenn der Kerle no aufs Klo muss, wenn's scho schlegt«, hot sich d'Andrea vrteidigt, »der hätt schon da halba Tag Zeit ghet.«

So ka ma's natürlich au seha.

Dr Goldonkel

Eigentlich hot'r jo Alois Obermüller g'hoißa, aber ma hot'n überall bloß als Goldonkel kennt. Er hots it ungern g'hört, hot'r doch aus dera Titulierung Respekt, Anerkennung und au a bissle Neid rausghört.

In seiner aktiva Zeit war dr Goldonkel Studienrat. Als Pensionär hot'r bloß no seiner oiziga großa Leidaschaft g'lebt, seine Goldmünza.

Er war a wohlhabender Ma, hot in seim putziga, spitzgiebliga Fachwerkhaus gwohnt, hot außerdem a stattlichs Wertpapierdepot ghet und natürlich seine Goldmünza – 79 insgesamt.

Er war nia vrheiratet, hot sich also au nia um Weib und Kind kümmera messa. Ehemänner hot'r als Balzgockel und Rockzipfelbändiger bezeichnet. A liebenswürdiger, aber schrulliger Ma. Koi Typ zum Heirata.

A betuchter, älterer Herr mit so ma Familienstand, a Altlediger, ist natürlich a interessanter Erbonkel. Alle Nichta und Neffa war des klar, und alle hent sich drum au bemüht, mehr oder weniger direkt, 's Wohlwolla vom alta Herra, dem Prachtexemplar aus dr Nochlassbranche, dem sei Wohlwolla also it zum vrspiela.

In dr guta Stuba vom Goldonkel ist a großa Wandtafel ghanget. Über de ganz Tafelbreite war a Koordinatakreuz zeichnet. Auf dr waagrechta Achse waret alle 79 Goldmünza aufgführt, auf dr senkrechta alle Nama von de potenzielle Erba. A sinnvolla Anordnung. Jedem hot'r seine Münza zuordna könna, und Änderunga waret jederzeit leicht möglich. Wenn'm a Nichte zum Beispiel auf Weihnachta a Paar Socka gstrickt hot, hot Goldwoog glei zu ihre Gunsta ausgschlaga. Andererseits hot dr Neffe Theo erfahra messa, dass sei Nama ganz von dr Tafel vrschwunda ist, wo er a Poussage mit ra griechischa Dorfschöna angfanga hot.

De oifache Goldmünza, dr Krügerrand oder dr Zwanzig-US-Dollar zum Beispiel, waret mit weißer Kreide an Tafel gschrieba, de numismatische Kostbarkeita, dr Doppeldukat aus Breslau, siebzehntes Johrhundert, oder dr Portugaleser aus Magdeburg um 1590, mit roter Kreide. De mittlere Preislaga waret blau kennzeichnet. Weiß, blau, rot – so d'Wertigkeit von seine Münza. Dia Erba hent an dr Tafel ablesa könna, wia hoch se grad im Kurs gstanda send. Mut hot'r ghet, dr Goldonkel, des muss ma'm lassa.

Dia Münza, seine Heiligtümer, hot'r in ra mit blauem Samt ausgschlagana Schublad in dr Wohnzimmerkommod vrwahrt. Er hot nia dra denkt, seine Schätze im a Bankschließfach sicher zu deponiera. Er hots au it vrsicheret. Auf a diesbezüglicha Frog vom a Neffa hot'r bellet: »Hoscht du dei Weib vrsicheret?« Und noch hot'r no da alta General Moltke zitiert: »Mit Reichtum muss ma flüchta könna.«

Dr Goldonkel war bis zu seim Tod körperlich und geistig gut beianander, wenn au oiga und oft störrisch wia Goißbock. Kurz noch seim 83. Geburtstag hot'r hoh's Fieber kriegt und ist a paar Tag später gstorba.

Vor dr Beerdigung hent sich alle Vrwandte in dr Leichahalla no amol um da Tota vrsammlet.

Da besta Anzuag hot'r anghet, den er sonst bloß alle Jubeljohr oimol aus'm Schrank ghollet hot. Bloich und fremd ist'r in seim Eichasarg glega. Um seine Händ war a Rosakranz gschlunga. Aber ebbes hot gfehlt.

Erst wo dr Bestatter da Sarg zugmacht hot, ist im Neffa Leo, den dr Vrstorbene scho vor Jahren als Testamentsvollstrecker bestimmt hot, klar worda, was fehlt. Er hot halblaut, so dass de meiste ghört hent, gsait, se solle a bissle warta und ist für etwa zehn Minuta vrschwunda. Wo er wieder zruckkomma ist, hot'r dem Tota fast feierlich a Zwanzig-Dollar-Stück in Brusttascha gschoba. Erst jetzt, so hent alle gspürt, hot dr Goldonkel sein Frieda gfunda ghet. Und koiner von de Erba hot sich je wega dem Goldstück aufgregt – zumindest it öffentlich.

Wo's dann ans Erba ganga ist, hot sich's rausgstellt, dass des alte Schlitzohr gar koi Testament ghet hot. Also gesetzliche Erbfolge. Und alle Anstrengunga umsonst.

A Rad-Tortour

Wenn einer eine Reise tut ... Ma kennt des. Und des gilt au für Radfahrer.

Dr Markus hot mit seiner Frau, dr Hedwig, und dr Tochter Barbara a Radtour gmacht, von Ehingen dr Dona entlang bis Ulm und durchs Blautal wieder zruck. Auf'm Hoimweg, kurz vor Schelklingen, war d'Frau am Ende. Se hot nimme könna. Do hent se beschlossa, dass se mit'm Zug hoimfahra soll und d'Restmannschaft dui Tour vollends durchradlet bis zum Schluss. Wia geplant.

Also send se langsam zum Bahnhof gloffa. Wo se endlich hent a Fahrkart aus dem Scheißautomata zoga ghet, ist au scho dr Zug komma. D'Hedwig ist vorsichtig eingstiega und dr Markus hot 's Fahrrad in an Waga neibugsiert. Er hots no it richtig festbunda ghet, send Türa zuganga. Automatisch. »Halt!«, hot'r gschriea. »I will naus!« Aber do war nix meh z'machet. Dr Kondukteur hot sei Täfale ghoba, pfiffa, und dr Zug ist losgfahra.

So a Mist! Dr Markus, sei Frau und 's Fahrrad hent zwangsweis noch Ehingen fahra messa, und d'Tochter ist in Schelklingen auf'm Bahnhof gstanda, mit zwoi Fahrräder. Ärgerlich, aber it zum ändera!

Von Ehingen aus hot dr Markus glei z'Schelklingen angrufa, se solltet dr Tochter ausrichta, dass er sui und d'Fahrräder mit'm Auto holla däb. D'Hedwig hot'r auf a Bänkle beim Bahnhof gsetzt, ist auf's ungewohnte Damarad gstiega und hoimgradlet. Bloß – da Hausschlüssel hot'r am Morga im Lenkertäschle von seim Fahrrad vrstaut ghet. Gott sei Dank hot dr Nochber no an Ersatzschlüssel. Für alle Fälle! Aber bei dem war niemand dahoim. Schhhhhheibe! A Unglück kommt halt selta alloi.

Was jetzt? – Auf dr Rückseita vom Haus war a kleins Kellerfenster an Spalt offa. Des war de oizig Chance. Bloß dur des Fenster hot'r ins Haus komma könna. Er ist in Lichtschacht gstiega und hot probiert, des Fensterle zum öffna. Mit Händ und Fiaß, mit Stecka und Stoi hot'r gschaffet. A mühseligs Gschäft in dem enga Käfig! Er hot sich vrleida messa wia Hund, hot gschwitzt und vor sich na gschimpft. Aber er ist kaum weiterkomma und schier vrzwatzlet drbei. Und dera Frau auf'm Bänkle isch doch so schlecht ganga!

Worum d'Scheib noch zmol gsprunga ist, hot'r nochher it saga könna. Aber jetzt war'm alles egal. Er hot mit'm Fuß des Fensterglas vollends neitretta. Des war gar it so oifach. Bloß wer scho amol im a enga Schacht a kleines Fenster so neigschlaga hot, dass ma sich beim Neilanga it d'Hand, d'Zunga, da Maga und woiß Gott was no alles vrletzt, bloß der hot a Vorstellung von so'ra Arbet. Und des ohne richtigs Werkzeug! Ganz ohne Blessura ist's noch doch it ganga, wo er endlich hot neilanga und 's Fenster aufmacha könna.

Noch ist'r im Keller gstanda. Und noch war dui Tür vom Keller in Gang und Wohnung gschlossa. Von dr andera Seita. Dr Schlüssel gstecket.

So an Augenblick der Erkenntnis wünscht ma niemand. Des ist schlimmer, wia wenn oim a Elefant auf da Vorfuß tritt. Doo stohst im Haus – und kascht doch it nei, 's Weib sitzt krank auf'm Bänkle, d'Tochter mit zwoi Fahrräder z'Schelklinga. Da woißt it, wia's weiterganga soll. Und da sollest jo it flucha!

Alles umsonst, de ganz Schuftarei und 's Vrleida! Und erst koin Autoschlüssel! Und bsonders ärgerlich: Dui Kellertür stoht normalerweis immer offa!

Wohl oder übel hot'r sich wieder dur des Kellerfensterle ins Freie zwänga messa. Ausgseha hot'r wia Kanalarbeiter. – Und jetzt? Er hot überlegt, soll i mit'm Rad dia schätzungsweis fuffzeah Kilometer noch Schelklinga fahra und da Hausschlüssel aus dem Lenkertäschle holla? Aber so wia er ausgseha hot, hätt'n dr näxt Polizist vrhaftet. Und Wut und Ehrgeiz hent'n zmol au packt.

Beim Nochber hot'r im Garta a Loiter standa seha. Dui hot'r ghollet und ans Bühnefenster gstellt. Wild entschlossa ist'r naufgstiega. Entweder gohts auf, oder i schlag dui Scheib halt au no nei! Auf dui kommts jetzt au nimme a! So weit war'r scho. Er hots von alle Seita probiert. Nix ist ganga. Wo er sich grad entschlossa ghet hot, mit ma Wacka des Fenster

33

... ja ... durchlässig z'machet, hot ebber gschriea: »Ja wa tust du do doba?«

Dr Nochber ist hoimkomma gwea, 's Problem glöst.

Er hot sei Frau auf 'm Bahnhofsbänkle abghollet – dera ist's zwar besser ganga, aber immer no it guat – und ist noch Schelklinga braust, schneller als Polizei erlaubt.

Am Bahnhof hot koi Barbara und koi Fahrrad gwartet. Er hot an Ma gfroget, der ausgseha hot wia a Bahnhofsvorstand, ob er ... »Ja«, hot der gsait, »mit'm letzta Zug ist a junga Dame Richtung Ehingen gfahra. I hau'ra no helfa einlada. Dui hot glei zwoi Fahrräder drbei ghet. Des kommt au it jeden Tag vor.«

Dahoim war d'Barbara dann au it. Dr Markus ist über de unter Stroß zum Bahnhof gfahra. Koi Barbara. Auf dr Münsinger Stroß hot'r se dann aufgablet, links a Dama-, rechts a Herrarad. Gschimpft hot se it. Des hätt grad no gfehlt. Jetzt war jo alles gut, außer dem Kellerfenster.

Vom Strofzettel über 50 Euro wegen Geschwindigkeitsüberschreitung hot'r doo no nix gwisst.

Tja, wenn einer eine Reise tut, dann kann er was erleben. – Au mit'm Fahrrad. Au oder grad bei so ra Chaostour.

Rache für Rote

D'Schotta und d'Schwoba seiet mitnander vrwandt. Sait ma. Boide seiet de gleiche Entaklemmer, de gleiche Geizhäls.

Über d'Schotta ka i nix saga, aber d'Schwoba send alles andere als geizig. Mir Schwoba send sparsam. Und Sparsamkeit ist bekanntlich a Tugend. Natürlich geits au bei uns a paar so pathologische Knicker, wo lieber da Finger im Hintera abbrechet, bevor se au bloß an Rota rausrücket, aber dia geits überall.

A klassischer Entaklemmer war dr Unternehmer Eduard H., oiner von de führende Honoratiora in dr Stadt, a g'achteter und respektierter Ma. 's war bekannt, dass'r da Geldbeutel fast it aufbringt, aber wia knickig er tatsächlich war, hent bloß a paar gwisst. Zu dene paar hent au de Angstellte vom Frisörgschäft Reicherter g'hört.

Dr Eduard ist regelmäßig zum Reicherter zum Hoorschneida komma, domols 's führende Frisörgschäft in dr Stadt. Vor öffentliche Auftritt, Amtseiführunga oder Sitzunga vom Stadtrat, hot'r sich beim Reicherter au rasiera lau. Er hot so glatt sei messa, dass d' Fluiga an seim Kee ausgrutschet send. Ma muss zoiga, wer ma ist!, war sei Devise.

D'Frisör ghöret it grad zu de Großvrdiener, wia ma woiß. Se send auf Trinkgeld angwiesa. Dr Arbeitgeber rechnets stillschweigend ins Salär ei. Drum gibt jeder anständige Christamensch seim Figaro au a respektabels Trinkgeld, es sei denn, er häb ihm a Frisur vrpasst, dass ma'n nimme vom a Riesaschnauzer unterscheida ka.

Au dr Eduard H. hot Trinkgeld geba. Ebbes anders hätt er sich gar it leista könna in seiner Positio. Auffällig unauffällig hot'r seim Hoorschneider noch vollbrachter Tat jedes Mol a Handvoll Münza in sein Kittelsack falla lau. Des hot fast so klepperet, wia wenn dr Meßmer am Sonntig da Klingelbeutel leert. Aber zwanzg einzelne Pfennig sind halt au bloß zwanzg Pfennig. Und wenns no so klepperet! Oine Kunda hent sich beeindrucka, oine sogar animiera lau. D'Frisörgsella aber hent gwisst, dass des immer bloß Rote, also Pfennig, waret. Und natürlich hent se sich drfür au no höflich bedanka messa; des hot dr Anstand vrlangt und dr Chef. Und dr Eduard hots selbstvrständlich erwartet, obwohl se dem scheinhoiliga Angeber, dem Tartuffe, am liebsta da Schuh neighaua hättet.

Domols hent dia Reicherter Frisör no so weißgraue Kittel traga, ähnlich wia d'Ärzt heut no. Dia Kittel hent auf boide Seita große Tascha ghet. Dia Tascha hent für alles Mögliche herhalta messa; fürs Trinkgeld waret se it vorgseha.

Die Frisörgsella hots natürlich mächtig gfuchset, dass se von dem Knicker immer so billig abgspeist worra send. Und des au no mit großer Geste! Se hent

überlegt, wia se sich rächa könntet. Irgendwenn hot dr Hans a oifacha, aber geniale Idee ghet.

In dr Frisierstuba war dr letzte Stuhl bsetzt, wo dr Eduard wieder amol zum Hoorschneida komma und wia immer – au weil telefonisch vorangmeldet – sofort drakomma ist. Nooch'm Schera hot'r, wia üblich, seim Scherer a Handvoll Rote in Kittelsack falla lau. Aber des Mol hot'r Pech ghet! So wia er dia Pfennig hot oba neifalla lau, send se unta wieder nausgrauscht und im ganza Gschäft rumgrollet. Jeder hot dia rollende Trinkgelder, dui Pfennigparade gseha, dui erbärmlich. A Provokatio! D'Kunda hent teils ungläubig, teils vrwunderet gucket, und im Eduard ist buchstäblich 's Gsicht standa blieba. Er hot im Moment it gwisst, was dua. Schließlich hot'r sein Hut gschnappt, an Schein auf Theke gworfa und naus bei dr Tür, ohne des obligatorische Schwätzle mit'm Herr Reicherter. – Dia Frisör aber hent a schadafroh's Lacha kaum no vrheba könna.

Dui Sach war nämlich generalstabsmäßig vorbereitet. Alle Kollega waret informiert. Wo dr Eduard angrufa hot, ist dr Hans in Garderob und hot den Kittel anzoga, wo er vorher entsprechend präpariert ghet hot. Alles andere ist dann von alloi gloffa.

Dr Eduard hot sich mächtig aufgregt. Unternemma hot er it vill könna. Möglicherweis wär er sonst no in dr Zeitung rumgschmiert worra. Außerdem hot'r jo it gwisst, ob der Kittelsack it rein zufällig a Loch ghet hot. – Aber er war lernfähig. Von doo a hot'r dene Frisör 's Trinkgeld in d'Hand druckt. Und gelegentlich war jetzt sogar a Zehnerle drbei.

Halali nooch Mitternacht

Normalerweis ka ma dia Gschichtla, dia oim Förster, Jäger, Jagdscheinbesitzer und Begehungsscheininhaber auftischet, glei unter dr Rubrik Jägerlatein entsorga. Gelegentlich passieret aber au bei dene legale Wilderer tatsächlich komische Sacha. Beim Fritz und bei dr Paula beispielsweis.

Dr Fritz, im Hauptberuf Ingenieur, war und ist no a passionierter Jäger. Jaga ist für'n dr größt Spaß, wo ma anzoga hau ka. Zamma mit ma Fabrikanta hot'r von dr Stadt a Jagd pachtet. Fast jeda freia Minut hocket'r auf'm Ansitz. Regelmäßig tagt dr Jägerstammtisch, oft wird'r von Kollega zur Jagd einglada, und dann send doo no dia Sitzunga von alle mögliche Gruppierunga. Er ist drum selta dahoim. Weib und Kinder müsset sich ihra Zeit meistens alloi vrtreiba.

Dr Paula stinkt der Zustand scho lang. Oft beklagt se sich, sui derf auf Kinder aufpassa und er gang seim Vrgnüga nooch. Bsonders ärgeret se, wenn'r sich da ganza Samstig mit seine Grünspecht rumtreibt und irgendwenn in dr Nacht zwischa zwoi und viere hoimkommt. Dia eigentliche Jagda dauret normalerweis jo it so lang, am längsta jaget se vrmutlich in dr Krona. Aber nooch allem, was ma so

woißt, schießt ma au in dr Krona nooch dr Goister-
stund koine Hasa meh.

Dr Fritz hot dia Klaga von seiner Paula it so ernst
gnomma. Er hot sich entschuldigt, hot Besserung
vrsprocha und – weitergmacht wia bisher. Paula
aber hot nooch ra Glegaheit g'sucht, ihrem Rehbock
amol so richtig ois auf d'Hörner z'gebet.

Dr Countdown ist gloffa. Dr Fritz ist wieder amol
nachts kurz vor drei hoimkomma. Obwohl er hot
leise d'Stiega naufwella, hots a paar Mol ordentlich
g'schepperet. Er ist ins Schlofzimmer nei und hot 's
Licht angmacht ... D'Ehebetter leer. Boide. Hoppla!

»Paula?!« Koi Antwort. Ja wo *ist* des Weib?

»Paula?!« Wieder koi Echo. Er ist nunder in
d'Stuba.

»Paula?!« Nix. Er ist in Kuche. Koi Paula. Er hot
in Keller nagschriea: »Paula ...! Paula?!« Koi Spur
von ra Paula. Er hot noch de Kinder gucket. Alle
hent g'schlofa. Noch, hot'r denkt, ka's nix Schlimms
sei. Vielleicht ist bei oim von ihre viele Gschwister
ebbes passiert, oder ... was woiß i ... Se wird bald
wieder auftaucha. Er hot sich auszoga und ins Bett
glegt. Schlofa hot'r it könna. Dui Paula it doo – des
hot'm doch koi Ruh glau.

Der gute Fritz hot sich a paar Mol rum- und wie-
der numdreht und überlegt, wo dui Paula sei könnt.
's ist'm nix eingfalla. Mit dr Zeit ist'r noch ein-
gschlofa und hot anfanga schnarchla.

Zmol duats an Rumpler, Kloiderschranktür fliegt
auf, Paula springt aus'm Kasta, knipst 's Licht a und

pflanzt sich in ihrer ganza Broitschaft vor'm Fritz seim Bett auf. Der fährt hoch: »Ja ... ja ... wowo kommst du *her*?«

»Du g'fällst mr«, Paula hot kochet, »kommst mittla in dr Nacht hoim, i be it doo, und du liegst ins Bett und schlofst! Was mit mir ist, juckt di it! Dir ist alles egal! Böck schieße und saufa, sonst interessiert di nix!«

Se war maßlos enttäuscht. An Schrecka hot se dem Sünder einjaga wella – und der liegt ins Bett und schloft! A Rohrkrepierer! Des hot se sich anderest vorgstellt.

»Was witt denn?«, hot dr Fritz noch dr ersta Überraschung gmoint, »i hau doch gmerkt, dass du it doo bist.«

Den speziella Trost hot se nimme ausghalta. Des war z'vill! Guat dass 's Gwehr im Waffaschrank eingschlossa gwea ist! Se hot ihra Bettdecke packt und dui Nacht in dr Stuba auf dr Couch gschlofa.

Einige Wocha später ist a Ereignis eintretta, des au da Fritz in seiner Bierruhe duregschüttlet hot. Er ist wieder spät in dr Nacht hoimkomma. Wo er im Schlofzimmer 's Licht anmacht, bleibt'm für an Moment 's Herz standa. Er stoßt an animalischa Schrei aus. Unterm Bett von seiner Paula gucket a nackeder Arm fürre, blutvrschmiert. Apokalypse pur! Sei Blutdruck schnellt auf 500! Er macht kehrt und fliegt d'Stiega na, als ob dr Leibhaftig hinter ihm her wär, schnappt 's Telefon auf dr Kommod und wählt instinktiv 112.

Zmol schreits von oba ra: »Was duast?« Vor Schreck losst'r da Hörer falla, fährt rum – d'Paula. Er ka sich bloß no auf da Sessel falla lau. Er ist total erledigt. Paula hot grad Mitleid mit'm, obwohl genau des eintroffa ist, was se hot erreicha wella, wo se unters Bett glega und an blutverschmierta Arm fürregstreckt hot.

's erste Mol, wo se in Kloiderkasta gschlupft ist, wo se'n hot komma höra, wo se'n hot bloß vrschrecka wella, 's erste Mol war d'Schockdosis no z'gring. Dr zwoite Vrsuch jetzt war erfolgreich.

Dr Fritz war a ganza Zeit lang groggy. It amol schimpfa hot'r könna. Der nacked Arm hot sei ganz Nervakostüm verrissa ghet.

Später hot'r dann doch no deberet. So ebbes soll se no oimol dua, noch ...! Aber d'Paula hot sich nimme einschüchtera lau. »Doo siehst, was passiera könnt, mit mir oder mit ma Kind, solang du beim ... beim ... Jaga bist.«

Dui Schocktherapie hot tatsächlich Wirkung zoigt. Er bleibt jetzt öfter dahoim. Wia lang ...? D'Hoffnung stirbt z'letzt. Au bei dr Paula.

Bitterer Zucker

Wenn ma so zuckerkrank ist, dass ma a intensivierta Insulintherapie braucht, noch genehmigt oim d'Krankakass in ihrer unendlicha Großherzigkeit so alle drei, vier Johr a Kur.

Doo wird ma dann gschulet in allem, was ma als Diabetes-mellitus-Patient wissa muss, wia ma d'Spritza behandlet, wia, wo und wenn ma spritzt, wia ma mit'm Stecher umgoht, wia ma misst, Unterzucker vrmeidet und so weiter.

Weil für Diabetiker 's richtige Essa lebenswichtig ist, wird ma au ins richtige Kocha eigführt. Doo sait ma oim dann, dass a vegetarischer Brätling gsünder ist wia Schokladpudding mit Vanillesoß. Und natürlich zoigt ma au, *wia* ma so gsunde Sacha kochet und wia ma d'BE, also d'Broteiheita, richtig berechnet. Allerdings bringt so a Kochkurs it vill für Leut, wo überzeugt send, Ochsaauga hoißet so, weil's Auga von Ochsa send, so ähnlich wia beim Ochsamaulsalat.

Zucker ist a heimtückischa Kranket. Langsam aber sicher greift'r alle Organe a. Bsonders g'fährdet send Auga, Fiaß, Niera, Nerva und Herz. Bei de Fraua vor allem beschleunigt'r d'Osteoporose und d'Ma krieget Schwierigkeita mit'm ... mit'mmm ... Schlofa, mit ra bestimmta Art von Schlofa. Dr Shakespeare hot zwar amol gsait, sei wunderbar, dass 's Wella viel länger dauret wia's Könna, aber des sehet de Betroffene meistens anderest.

Zur Vorbeugung, zur Prophylaxe und zum Vrhalta, wenn dr Zucker scho Schäda angrichtet hot, gibt's drum in dr Kur dreimol in dr Woch Vorträg von Fachärzt. Am Dienstag hot oiner über zuckerbedingte Potenzprobleme gsprocha. Dr Saal war grammlet vool. Über hundert Leut. I hau ganz hinta no a mickrigs Plätzle krieagt. 's waret au ziemlich Fraua drunter. Worum it? Dia went halt au wissa, wia krank ihre Ma send. Und vielleicht könnet se jo a bissle helfa.

Der Referent hot also erklärt, wenn's nimme so sei wia mit zwanzga, noch gäbs neuerdings so kleine blaue Pilla. Dia helfe bei siebzig bis achtzig Prozent, bei Diabetiker immerhin no bis zu fünfzig Prozent. Des sei die elegantest Methode. A weitera Möglichkeit sei a Apparatur in d'Bauchhöhle einpflanza und wenn ma dia dann richtig bedien ... na ja. Weiter hot'r von ra Vakuumpumpa gschwätzt. Und dann könn ma au no direkt an dr Front ebbes implantiera, aber des sei a problematischa Sach. Mit'm Beamer hot'r dia vrschiedene Möglichkeita zoigt und ausführlich erläuteret.

Unterm ganza Vortrag wars mäuslestill. Des Thema hot offasichtlich intressiert.

Unmittelbar nooch'm Referat war Glegahoit zur Diskussio. 's ist zäh angloffa, bis a Dame in dr ersta Roiha, spätes Mittelalter, dät i saga, gfroget hot, ob

Männer mit diabetesbedingte erektile Dysfunktiona posttraumatische Folga befürchta müsse. – ...?!

Mir isch's ganga wia Ihne. – Der Arzt hot dui Frog dann erklärt und bestätigt, dass Männer, dia jo bekanntlich a höchst empfindsams Seelaleba hent, wenn's au oft ganz anderest aussieht, dass also Männer mit einer erektila Dysfunktio immer leidet, schwer leidet.

Des war am Dienstag, wia gsait.

Am Mittwoch war dann der Vortrag über Osteoporose. Osteoporose, bsonders für d'Fraua wichtig. Wela Frau will scho mit ma Buckel rumlaufa?!

Weil Fraua vill konsequenter und energischer so Probleme anganget wia dia oft recht datschiga Ma, und weil se alles über so a Krankheit wissa wellet, be i scho bald in Vortragssaal ganga. I hau an gscheita Platz wella.

Mit zehn Minuta Vrspätung hot der Dokter dann sei Referat angfanga. – Inklusive Referent waret mir fünf intressierte Zuhörer. Fünf!

Seit domols woiß i, dass 's Wichtigste im Leba ... it Osteoporose ist.

Poeta hents schwer

Au als kleiner Regionalpoet hat ma an gewissa Ehrgeiz, muss ma hau, wenn ma im Gschäft bleiba will. Lesunga send do wichtig. Wenn da an Vrlag hoscht, noch vrmittlet dr der da oina oder andera Auftritt bei ra Buchhandlung. Gelegentlich kascht au an Bekannta mit Beziehunga aspitza, 's meist aber kommt dur Mund-zu-Mund-Propaganda.

Wenn noch de ersta Termin standet, goht 's Bibbera los. Kommet fünf Leut oder fünfzig? I be schließlich no it dr Hemingway! Dr Vranstalter bibberet no meh wia i. Tatsächlich hau ne amol fünf Zuhörer ghet, in ra Buchhandlung in Pfullinga, am a Freitigobend um fünfe, am ersta warma Sommertag im Mai. Also doo wär i au ins Schwimmmbad ganga. Dui Buchhändlere hot 's Beste draus gmacht, Kaffee aufgesetzt, und i hau dann bei Kaffee und Butterkeks mei Programm abgspult – für fünf aufmerksame Zuhörer. Und auf 's Honorar hau ne generös vrzichtet.

Und doo sieht ma, wia wichtig dr richtig Termin ist. Bei dr Fußballweltmeisterschaft 2006 hau'ne z'Biberach glesa. Ende der Lesung: a halba Stund vor Anpfiff Deutschland gega Ecuador. Aber von

Anfang a war's unruhig. Dia Herrschafta, s'meist Ältere, waret mit ihre Gedanka scho im Stadion. Wo ne gut d'Hälfte von meim Pensum abgwicklet ghet hau, stoht so a bestützstrumpfta Alta auf: »I will da Ballack seha«, schnappt ihra Gehwägale und schuhet naus. Noch war's natürlich g'loffa. – Gega da Ballack hau it amol i a Chance.

De meiste Zuhörer bei ra Einzellesung hau ne z'Laupheim ghet: 128. Des waret scho fast zvill. Doo brauchst a Mikrofon. Des musst vorher natürlich beantraga. Da musst au froga, ob da Bücher vrkaufa derfst. Du musst wissa, was für a Publikum kommt. Wenn dr Jüngste 78 ist, kascht nooch dr Eileitung glei zum Schluss komma.

Ma derf am gleicha Ort au it z'oft auftretta. So weit derfs it komma, dass d'Leut saget: »Ach der ...«, wenn in dr Zeitung stoht, dass dr Beck wieder im Rothaussaal liest.

Z'Tuttlinga, beim Albverei, hau ne 67 Zuhörer ghet. Vier Wocha vorher hot dr berühmte Karl Napf, der große Dokter aus'm Staatsministerium, ganze acht ghet. I woiß natürlich it, ob bei dem it zufällig dr Ballack kicket hot. G'freut hots mi trotzdem.

Z'Ulm ist a mol d'Hoizung ausgfalla. 's war kalt wia im a Hundsstall. Und mit kalte Fiaß went d'Leut nix höra, aber scho gar nix.

Vor da afangst lesa, sott's Publikum da Kaffee trunka hau, da Kucha gessa, 's Gschirr sott abgräumt sei, und jeder sott sei Apfelschorle vor sich

hau, sonst wird's unruhig und alle gucket bloß nooch dr Bedienung.

Wenn da noch vorna stohst, moischt, gäbest dei Bests, und nix kommt z'ruck, kriegst oifach koi Resonanz, noch hoscht a Problem. Noch wirst unsicher. Was machst falsch? Da liest ois von deine Highlights. Nix. Da greifst a Etage tuifer, a bissle unter d'Gürtellinie. Sex! Doo wachet se normalerweis auf. Aber dia Leut lent weiter ihre Augadeckel hanga wia d'Affa, wenn's schneit. Doo gohst frustiert hoim und grüblest. Am Publikum ka's jo it liaga, 's Publikum ist immer okay!?

Ganz selta kriegt ma au z'vill Resonanz. I hau amol bei ra Weihnachtsfeier a Christbaumgschicht vorglesa. I be no it richtig fertig gwea, stoht a Ma auf und trompetet von hinta fürre: »Sia, doo muss i Ihne au ebbes vrzehla.« Und er hot losglegt, wia er an Hoiligobend da Christbaum in dr Stuba aufgstellt hot. Wo sei Weib a paar Stund später da Baum hot richta wella, war'r auftaut und hot penetrant gstunka. A Katz hot im Schuppa übern nagschissa ghet. Er hot des so drastisch und so plastisch vrzehlt, dass buchstäblich dr ganze Saal noch Katzadreck gstunka hot. Ehrlich. Ma hent a Pause eiglegt.

's geit au nette Erlebnis. Bei ra Lesung vom Rösle Reck hot amol a Ma so lacha messa, dass'm 's Gebiss rausgfalla und ausananderbrocha ist. »Jegges«, hot'r gschriea, »was dur i au ohne Zäh! Mir hent doch morga Sängerfest!« 's Rösle hot'n beruhigt: »Noch messet se halt amol ohne Sia singa.« »Aber i be doch dr Dirigent!«, hot'r gjomeret. – Na ja, seit wenn dirigiert ma mit de Zähn?

Im Moi 2005, a paar Tag vor dera Wendewahl in Nordrhein-Westfalen, wo dr Schröder noch Neuwahla agsetzt hot und d'Angela Merkel Bundeskanzlerin worra ist, a paar Tag vorher also, hau ne in Dornstetta bei Freudastadt glesa. Nooch dr Le-

sung hau ne me ins Goldene Buch der Stadt Dorn-
stetta eitraga derfa, groß, mit Blitzlicht und Presse.
I ins Goldene Buch! Des passiert oim it jeden Tag.
Ma hot bloß oi Sätzle schreiba derfa und natürlich
d'Unterschrift. A Kalligrafin hot alles scheea vor-
gschrieba ghet. I hau also gseha, wer dr Roiha
nooch kommt. Vor mir hot sich ... d'Angela Merkel
eintraga ghet, nooch mir ist dr ... Oskar Lafontaine
komma.

»Jetzt send Se aber eigrahmt«, hot doo d'Kultur-
chefe gmoint.

»Des ist scho in Ordnung«, hau ne gsait, »in hun-
dert Johr kennt ma sowieso bloß no mi.«

Oft kommt d'Reaktion auf a Lesung au erst hinta
nooch. Am a Samstigmorga im letzta November hots
bei mir an dr Haustür glitta. A Ma mit ma dicka
BMW ist dussa gstanda. »I be dr Herr X aus Laup-
heim«, hot'r sich vorgstellt. »Send Sia der Herr Beck,
wo dia Bücher schreibt?«

»Jo«, hau ne gsait, »kommet Se rei.«

Er ist ans Auto, hot a Paket ghollet und in dr Stu-
ba hot'r dann vrzellt, er käm grad aus dr USA. Sei
Bruder sei vor fufzg Johr noch Minnesota aus-
gwanderet. Heut häb er beziehungsweise sei Sohn a
großa Bäckerei do danna mit über zwanzig Beschäf-
tigte. Mit zunehmendem Alter däb er sich wieder
vill meh für de alt Hoimet intressiera. Er häb ihm
meine Bücher gschenkt, au des, wo dia Probleme
meiner Frau mit'm Sprengerlabacha beschrieba
send. In Amerika kennet se d'Sprengerla it. Aber er

könn's no bacha. Sprengerla mit scheene, hohe Fiaßla, do müss alles passa, au 's Wetter. Und wo der Laupheimer dann gsait hot, er könn mi ausfindig mache, hot der alt Konditer in Minnesota für mi Sprengerla bacha.

Sprengerla aus Amerika, wo's normalerweis gar koine geit, Sprengerla, beim richtiga Sprengerleswetter bacha, dia kriegt ma natürlich bloß, wenn ma so nette, schwäbische Gschichtla schreiba ka. Wia i beispielsweis.

Henna und Gockeler

Doo hent zwoi Familien auf ihre in unmittelbarer Nochberschaft liegende Einzelhöf seit ewige Zeita friedlich neba- und mitanander glebt. Se hent anander ausgholfa und send mitnander auf'm Bänkle gsessa. Harmonie pur.

Noch send innerhalb von a paar Monet beide Baura gstorba. Ihre Kinder hent in dr Landwirtschaft koi Zukunft meh gsehe und send wegzoga, oiner bis noch Amerika. Dia Fraua hent von jetzt auf nochher ihre Höf aufgeba messa. Bloß einige Henna hent se bhalta, de ober Bäure a knapps Dutzend und da Gockeler, de unter a paar weniger, aber koin Gockeler.

In Trauer vreint hent dia zwoi Hinterbliebene weiter friedlich neberanander in ihrer Einöde ghauset. D'Henna von dr untera send oft num zu de obere. Früher, wo se no meh Federvieh und an Gockeler ghalta hot, war des it so. Do isch eher rum und num ganga. Irgendwenn hot de ober dr untara gsteckt: »Du, deine Henna kommet ällaweil zu mir rum.«

»Du kennst jo d'Henna«, hot dui druf gmoint. »Wenn ma hundert Morga ums Haus hot, noch scherret dia Menscher trotzdem beim Nochber.«

»Ma könnt au da Zaun höher macha und 's Loch flicka«, hot de ober zum Bedenka geba.

Des hot de unter it gelta lau: »So a bissle Zaun ist für Henna koi Hindernis. Dia könnet bekanntlich fliega.«

Dr Ton ist zmol nimme so ganz freundlich gwea. A paar Tag später hot de ober sogar dia, wia se gsait hot, fremde Henna numscheucha wella. Mit mäßigem Erfolg allerdings. Noch hot se mit a paar Stecka des Loch im Zaun zuagmacht, den kleina Grenzvrkehr brutal unterbunda. Des hot de unter auf d'Palme brocht. Voller Zora ist se num zur Nochbere. Was ihra einfall! Des sei doch lächerlich! Se sei jo it ganz reacht! Wega a paar Henna! Ab heut derf se ihra Haus nicht mehr betretta und helfa däb se'ra au nimme! Se könn ihren Scheißdreck selber macha!

Des war scho a Schlag. De ober hot nämlich a bresthafta Hand ghet, war gelegentlich auf Hilfe angwiesa. Des hot se jetzt aber it am Zruckschlaga ghinderet. Se hot ihrer Nochbere vorgworfa, se sei unvrschämt, z'knickig, dass se an Gockeler herdäb und im Übriga dumm wia schwarza Sau.

Dia zwoi hent sich richtig aufanander eingschossa, dr Auftakt zu ma vrbissana Stellungskrieg. De ober hot des Loch im Zaun, da Grenzübergang, immer wieder irgendwia zuagmacht und de unter umgehend wieder auf. Se hent sich über da Zaun num vrschimpft. Doo hots bloß so ghaglet von: Du blöda Kuh, du alta Hex.

Da Gockeler, a kräftigs, stolz' Viech, koi so a aufblosener Östrogen-Mistekratzer, da Gockeler also hent se mit ihrer Schimpferei it beeidrucka könna.

Wenn der a Nochbershenn treta ghet hot und nach vollbrachter Tat, stolz wie Napoleon noch Auster- litz, sei Freud nausgschriea hot, noch hätt sei Besit- zere dem charakterlosa Gsella am liebsta da Kraga umdreht. Aber noch hätt se jo nix meh zum Streita ghet. Streita war jetzt ihr Lebensinhalt. Drum hot se au ihren Kikiriki it gmetzget.

De unter hot sich einige Mol ernsthaft überlegt, ob se an oigana Gockeler hertua soll, da Gedanka aber immer wieder verworfa, au wegem Streita, genau wia ihra Nochbere. Dia Weiber hent bloß no drüber nochdenkt, was se dr andera zum Bossa dua könnet. So weit isch' scho gwea. Zwoi ältere Dama, boide ohne Ma, streitet wega ma Gockeler!

Der Nochberschaftsstreit hot immer kuriosere Blüta trieba. Wenn a Handwerker oder a Bekannter de unter bsucht hot, noch hot'r nimme zur obera komma derfa – und umkehrt. De unter hot a Auto ghet. Natürlich hot se de ober nimme mitfahra lau und se hot'r au nix meh aus dr Stadt mitbrocht. Soll des Mensch doch vrhungara!

D'Henna send gscheiter gwea. Dia hent den Weiberstreit it amol ignoriert. Wenn 's Loch grad zugwea ist, send se oifach über da Zaun gfloga, über de neu Demarkationslinie. So a mickrigs Zäunle ist koi Hindernis für Henna, wo unbedingt fremdganga wellet – sofern ma in dem Fall überhaupt von fremdganga schwätza ka. Und dr Gockeler hot, unbeeidruckt von dera Streiterei, selbstlos Nochberschaftshilfe gleistet.

D'Kinder hent schließlich in dem Streit vrmittla wella, die zwoi Beißzanga zur Vrnunft bringa. Aber des war bei dene alte Moggla aussichtslos. Boide hent gleich reagiert: »Mit dera?! – Nia!!« Mit dera! – des hot sich bei boide anghört, wie wenn se vom Leibhaftiga schwätza dädet.

Und so ka des tragik-komisch Theater wahrscheinlich bloß beendet werra, wenn ma mindestens oina von dene zwoi Giftnudla vrschuißt.

56

Aug um Aug

Dui Begebaheit ist anfangs dr Fünfziger passiert, aber se hört sich a wia a Episode aus der guata alta Zeit, dia bekanntlich bloß deshalb so guat gwea ist, weil se von de Heutige koiner erlebt hot.

Dr Gottlob war im a Dorf bei Böblinga nebaamtlicher Leiter von ra Zweigstell dr Landessparkass. Im Hauptberuf war'r Bauer, a großer Bauer. Und er hot Geld ghet. Des war überall bekannt.

Als oiner von de erste hot'r sich an Traktor kaufa könna, ond des zu ra Zeit, wo ma zum Traktorfahra no koin Führerschei braucht hot. Bei dene zwölf Kilometer Höchstgschwindigkeit, wo der erste Schlepper gmacht hot, isch's au no ohne Babbadeckel ganga.

Irgendwenn hent dann dia Bürokrata beschlossa, dass au Traktorfahrer an Führerschei brauchet. Dr Gottlob, oiga wia er gwea ist, hot denkt: Jetzt fahr i scho a Weile ohne, worum soll i jetzt zmol so an Schei mache? Dia könnet mi. – Und ist weiter ohne gfahra.

Dr Franz, a guater Bekannter, war Leiter von dr Polizeistatio im Ort. Gnau gnomma war er dr oizig Angstellte, aber er hot sich als Leiter der örtlichen Polizeidienststelle vrstanda. Dr Franz also hot zu dem Schwarzfahrer gsait: »Du, Gottlob, du woischt genau, dass da an Führerschei brauchst. Mach den Schei, sonst muss i di strofa.«

Er hots oimol gsait, er hots zwoimol gsait. Beim dritta Mol ist'r ganz deutlich worra. »Wenn de no oimol ohne Führerschei vrdwisch, noch zahlst. Kascht dr's überlega.«

Dr Gottlob ist weiter ohne gfahra. Soll der Kerle doch schwätza!

Dr Franz, dr Landjäger, hot aber it bloß gschwätzt, er hot reagiert. Natürlich hot'r gwisst, dass dr Gottlob it in d'Fahrschul ganga ist. Er hot drei Wocha gwartet und noch hot'r dem Ignoranta an Strofzettel über dreißg Deutsche Mark vrpasst. Vill Geld domols. Dr Gottlob hot zahlt und noch hot'r da Führerschei gmacht.

Zwoi Jahr später hot dr Franz 2000 Mark braucht. Er ist zum Gottlob, zum Zweigstelleiter ganga. Der hot'm gsait, er kriag die 2000 Mark, er müss bloß a Gehaltsbescheinigung bringa, a polizei-lichs Führungszeugnis und natürlich müss sei Wally da Darlehensvrtrag mit unterschreiba.

Des hot im Franz gar it gfalla. »Wenn i a Gehalts-bescheinigung will, woiß doch jeder glei worum. Und mei Weib, dui unterschreibt nia, dui ist sowieso drgega, dass i des Werkstättle bau. Du könntest mir des Darleha jo au privat geba, des machst doch bei andere au.«

Dr Gottlob hot gmoint: »Du kascht des Geld von mir hau. 's koscht gleich vill wia bei dr Sparkass – und dreißg Mark zusätzlich. Du woißt worum.«

Also hot dr Franz dia 2000 Mark vom Gottlob privat aufgnomma. Und dia dreißg Mark hot'm der glei abzoga. Jetzt send se wieder quitt gwea, ohne Streit und ohne oi bös Wort. Und an Kadi hent se au koin braucht.

A Musterbeispiel für a pragmatischa Problemlösung. Heut ging des nimme, weil heut alle sooo gscheit send.

A Problemgosch

Absonders Pech mit de Beißerla hot dr Herr M. aus Ehingen ghet. Vermutlich g'erbt von seiner Mutter. Dui hot domols scho a radikala Lösung für ihr Problem g'funda. Ende dr Zwanzger im letzta Johrhundert, grad dreißg Johr alt, ist se mit'm Fahrrad dia gut fünfazwanzg Kilometer von Ehinga noch Ulm g'radlet und hot sich sämtliche Zähn zieha lau. 's gäb nix minders als oigene Zähn, hot se ihre Erfahrunga zammagfasst. Seit se falsche Zähn häb, sei se im Himmel. – Gut, ma muss des it unbedingt noochmacha, aber ma könnt mancha Mark spara, wenn ma au so konsequent wär.

Z'ruck zum Herr M. und seim Pech. Johrelang hot'r seine Kauwerkzeug plombiera und überkrona lau – und noch hot ma's doch zieha messa. Noch hot'r a Vollprothese kriegt. Mit 48. Am Dienstag hot ma dia Rosszähn eipasst und am Mittwoch ist'r an Bodasee g'fahra. Des nuie Zahnzeug hot überall druckt und g'rieba. Beißa war a Tortur. Er hot des Glump rausgnomma, in a Tempo g'wicklet und auf da Rücksitz g'worfa.

Am andera Tag hot sei Weib 's Auto putzet ... Tja, so ka's ganga. Und wenns amol dumm lauft, noch laufts au glei saudumm. Kaum ist des Gebiss im Kut-

tereimer g'lega, hot 's Müllauto de ganz Herrlichkeit mitgnomma. Am Mittag dann ist Post komma ... mit dr Rechnung. 3400 Mark und a paar vrdruckte. 3400 Mark und koin Gegawert!

Dr Herr M. ist auf des na zu seim Dokter med. dent. marschiert und hot'm sei Malheur g'schilderet. Noch einigem Hin und Her hot sich der bereit erklärt, für an Kulanzpreis von 3000 Mark, quasi mit ma Mengarabatt, nomol a neus Gebiss zu installiera. Auf dia 3400 Mark für dia Zähn auf'm Müll aber hot'r it vrzichtet, weil d'Zähn ins Maul g'höre und it auf da Rücksitz.

Dr Herr M. hot sein Hof direkt an dr Schmiech ghet. Dr Garta war über dr Schmiech drüba. Über a schmals Brückle, ungfähr zwölf Meter broit, isch ma in Garta komma. Wo der gute Herr M. amol wieder über des Brückle marschiert ist, hot'r niasa messe und – sackerdi! – sei Prothes ist im hoha Boga in d'Schmiech g'floga und sofort unterganga. 's hot g'regnet ghet, 's Wasser war dreckig, dr Wasserstand hoch.

's Gsicht ist'm vor Schreck entgleist. »Jegges!!«, hot'r g'schriea und noch »Rosa, sau glei in d'Mühle fürre, se sollet da Fallastock ra lau.«

Noch hent se a Suchaktio g'startet. De ganz Familie. Sieba Mann respektive Frau hoch. Barfuß, aber sonst in voller Montur send se an d'Arbet ganga. Gseha hent se nix, se hent im wahrsten Sinne des Wortes im Trüba gfischet. A fast hoffnungsloses Unterfanga. Bsonders ärgerlich, weil d'Schmiech normalerweis a saubers, klars Wässerle ist.

A Bild für Götter. Sieba bätschnasse Figura froschet blind im Wasser, wia seinerzeit dia Glücksritter beim Goldrausch in Klondike, am Yukon in Kanada! Vrmutlich de größt Gebisssuchaktio in dr jüngera deutscha Geschichte und sicher de nassest. Se hent alles Mögliche g'funda, vom Waffeleise bis zum Sturmgwehr aus'm Zwoita Weltkrieg. Alles, bloß koine Zähn.

D'Rosa hot am Fallastock Posta schieba messa und gucka, ob des Corpus Delicti denn it angschwemmt werd, obwohl se so gut wia nix g'seha hot. D'Hoffnung ist immer weiter g'sunka, bis auf da Nullpunkt. Und zmol hot de Jüngst g'schria: »I hau's!«

Se send raus aus'm Wasser, hent sich umzoga, d'Rosa hot dr Mühle signalisiert, dass se da Fallastock wieder aufmache könnet, und dr Herr M. hot seine im Schmiechwasser g'wäschene Zähn … in Hosasack g'schoba.

Des war aber no it sei letzt's dentals Desaster. Wo er a Kuh hot anbinda wella, hot dui dumm dua. Zmol sieht'r auf'm Boda ebbes liega. Er hot g'nauer gucket. Tatsächlich, a Gebiss. 's hot aber eher ausgseha wia a zammatretana Heringsbüchs. Da Druck von ra 16-Zentner-Kuh hält koi Gebiss aus. Und er hot it amol gmerkt, wo's rausgfalla ist!

Des Mol ist'r ins Zahnlabor g'fahra. Dia hent gsait, bei dem Schrotthaufa sei nix meh zum retta; er soll beim Zahnarzt nuie macha lau. – Des waret dann de dritte – für oi Maul.

Seiner Lebtag ist'r mit seine Kunststoffbeißerla auf Kriegsfuß g'standa. Meistens ist'r oba ohne rumgloffa und hots im Hosasack rumtraga.

Ma ka sich Zähn tatsächlich beim Beißa ausbeißa.

Liebe am Hasastall

It ohne Grund hoißt dui Gegend um Münsinga raua Alb. Und des raue Klima mit dem raua, stoinige Boda hot au auf d'Leut abgfärbt. Doo geits drum no so richtig Hagabüchene, so richtig Herte.

Dr Geschäftsführer vom Kreisbauravrband hot auf dr Außastell z'Münsinga Sprechstund abghalta. Dr erste Anruf scho am hella Morga hots in sich ghet.

»Sia«, hot der Ma am andera End von dr Leitung losglegt, »i will me scheida lau. Wia macht ma des?«

Scheidungsberatung fällt normalerweis jo it unter d'Aufgaba vom Gschäftsführer vom Bauravrband, andererseits isch ma auf so ra Positio bis zu ma gewissa Grad immer au Mädchen für alles. Er hot kurz gstutzt und noch gfroget: »Ja *worum* wellet Sie sich scheida lau?«

»I hau scho drei Johr koin Sex meh ghet.«

Spontan hot'r zruckfroga wella: Ja wer ist doo schuldig? Bestimmt it dr Kaiser von China. Aber er hots grad nomol vrhebt. D'Leut send empfindlich, und wenn's um Beziehungsgschichta goht zwoimol. Was also saga? Am Telefo. Zu ma fremda Ma. Und Intimitäta ... Ma will schlieaßlich in nix neikomma.

Er hot an Moment überlegt und sich noch langsam vortastet: »Ja wia alt send Sia denn?«

»76. I wird bald 77.«

»Und wia alt ist ihra Frau?«

»75.«

Als relativ junger Ma macht ma sich doo seine Gedanka.

»I glaub, des sottet Sia sich nomol überlega, des mit dem Scheida-Lau.«

Aber dem Anrufer isch's ernst gwea. »Dui hot mi au betroga«, hotr energisch ins Telefo neitrompetet. »Vor drei Johr, beim Fest in Ödawaldstetta, hau i messa hinter dr Theke helfa. Doo isch se komma und hot gsait, sui fahr mit'm Schwoger zu ihrer Schwester zum Kaffee. Und noch hot ma da weißa Mercedes vom Schwoger bei mir dahoim im Hof standa seha! Was hent dia bei mir dahoim dua? I frog Sia: Was hent dia doo dua?! Dia hent doch bei dr Schwester Kaffee trinka wella!«

»Na ja«, hot der Vrbandsvrtreter beschwichtiget, der gspürt hot, dass'n der Fall überfordera könnt, »des ist jo scho drei Johr her.«

»Moment«, hot der Ma in dr Leitung konteret, »was se sonst no dua hot, woiß i jo it. Aber ebbes woiß i sicher: Vor Kurzem hent mir den Schwoger bsucht. Doo hent dia mi in Garta nagschickt, i soll amol de neue Hasaställ agucka. Wo i wieder zruckkomma be, ist d'Haustür gschlossa gwea. Hoppla, haune denkt! So ist des also! I be ums Haus rumgloffa, und noch war Tür offa. Wo i nei be ins Haus, haune grad no gseha, wia der sauber Herr Schwoger oba an dr Treppa 's Hemmad in d'Hos neigschoba hot.«

»Und wo war Ihra Frau?«

»Dui war auf'm Klo. – Worum hent dia mi zu de Hasaställ nagschickt? Ha? Worum? Dät Ihra Frau Sia zu de Hasaställ naschicka? Und noch d'Haustür zuaschlieaßa! Dät dui des? Des musst'r amol überlega! Dia hent mi doch aus ma ganz bestimmta Grund zu de Hasa gschickt. Des macht doch koi normaler Mensch, oder? Mi zu de Hasaställ schicka und noch Tür zuaschließa! Wo geits des! Des musst doch au saga!

Je noch Erregungspegel hot'r dea Agrarier oimal duzt und noch wieder gsiezt.

»Was sait Ihre Frau doo drzua?«

»Wa wird dui scho saga! Dia helfet doch zamma. Nix sei gwea.«

Als Spezialist in Sacha Landwirtschaft tuat ma sich mit so Partnerschaftsproblem naturgemäß schwer. Normalerweis ka ma sich doo bloß d'Finger vrbrenna. Er hot drum dui Gschicht von dr emotionala wieder auf a rationala, sachlicha Ebene bringa wella.

»Was hent Se denn für an Güterstand? Des ist wichtig wega de Kosta.«

»Güterstand? – Mir send halt vrheiratet seit … seit 39 Johr.«

»Ja hent Se Gütergemeinschaft, Gütertrennung oder Zugewinngemeinschaft?«

»Des woiß doch i it. Ist des eigentlich wichtig? Dia hent mi schließlich zu de Hasaställ nagschickt und Tür zugschlossa. Und dass der weiß Mercedes bei mir im Hof gstanda ist, doo haune sogar an Zeuga.«

»Wisset Se«, hot doo dr Gschäftsführer dem Ma klarmacha wella, »mir hent heut 's Zerrüttungsprinzip, auf schuldig oder it schuldig kommts heut nimme a. Wenn dr Hof boide zur Hälfte ghört, noch wird a Scheidung teuer, arg teuer. Kommet Se oifach de näxte Tag mit Ihre Unterlaga vorbei, noch gucket mir uns dia Sach amol gnauer a.«

A paar Tag später ist der Anrufer dann in d'Hauptstell komma mit ra ganza Plastikgucka vool Papier. Er hot wirklich it ausgseha wia oiner, wo sich scheida lau will, ganz und gar it, eher hätt ma denka könna, 's Weib sei ihm vrtloffa. Und ma hätt des au durchaus vrstanda könna.

Weil dr Chef grad a Besprechung ghet hot, hot'r de Dama im Vorzimmer dui Gschicht mit de Hasaställ ausführlich vrzehlt. Dia hent se natürlich scho kennt. So intressante Fäll kommet au beim Bauravrband it jeden Tag vor.

Wo sich dr Gschäftsführer dann dur den Plastikguckainhalt kämpft ghet hot, isch klar gwea, dass dia boide Gütergemeinschaft ghet hent, alles fifty-fifty.

»Also«, hot'r des scheidungswillig Bäuerle aufklärt, »wenn Se sich tatsächlich trenna wellet von Ihrer Frau, noch wird's teuer. Dera ghört nämlich gleich vill wia Ihne. Wenn'r ausananderganget, nimmt se d'Hälfte vom Hof, d'Hälfte vom Vrmöga mit. Jetzt könnet Se selber rechna.«

Dem guata Ma hot des it eileuchta wella. »Ja und des mit'm Hasastall? Ist des nix? Dui hot mi doch betroga!«

»I hau Ihne 's letzte Mol scho gsait, dass heut 's Zerrüttungsprinzip gilt. Doo send die Hasaställ unintressant. Wenn Se mir it glaubet, noch messet Se halt zu ma Anwalt ganga.«

»Der kost dann au nomol«, hot sich des Bäuerle aufgregt. »Des send Gsetzer heutzutag! – Noch wer i halt bei ra bleiba messa«, hot'r noch ma Weile gmoint. »Kocha duat se jo guat. Und dr Schwoger hot demnächst a schwera Operatio vor sich.«

Hörschäda

Früher oder später losst bei jedem 's Höra nooch.
Anfangs behilft ma sich no, indem ma d'Ohr-
muschel mit dr hohla Hand auf Suppatellerformat
vrgrößeret. Des sammlet meh Schallwella ei; ma
hört wieder besser. A Weile. Im näxta Stadium gu-
cket ma oft ziemlich blöd, weil ma it jedes Mol fro-
ga will: Wa hosch gsait? De Junge moinet noch, dr
Alt stand auf dr Leitung, oder er sei scho bei dr Fir-
ma Alzheimer, drweil sind bloß seine Hörnerva
nimme so flexibel.

Spätestens jetzt denkt ma an a Hörgerät. Es soll
jo Leut geba, wo mit so ma Gerätle gut z'recht-
kommet, vrmutlich aber lieget mindestens genauso
vill irgendwo im a Eck wia in de Ohra von Schwer-
hörige. Jeder kennt oine, wo bloß resigniert abwin-
ket, wenn ma auf dia elektronische Ohrwürmer
z'sprechet kommt.

Gelegentlich send se au selber schuld. Unser frü-
herer Nochber hot sei – wia er gsait hot – »Scheißap-
parätle« alle paar Monet einstella lau. Sei Schwieger-
tochter hot'n jedes Mol in d'Stadt fahra messa zum
Hörgeräteakustiker. Kaum ist'r dahoim gwea, hot 'r
wieder an dem Apparätle rumdreht – de ganz Ein-
stellung für d'Katz!

A ganz extremer Problemfall war der vom Hugo
S. Wo der auf die Achtzig zuganga ist, hot'r vom
Ohraarzt so a Hörgerät vrschrieba kriegt. Er hot 's
beste Maschinle wella und war au bereit, sich finan-
ziell zu beteiliga. Dr Familienrat hot sich noch um-
fassender Beratung zum Kauf vom a hochwertiga
Schweizer Hightech-Gerät entschlossa.

Anfangs war dr Opa Hugo ganz z'frieda mit seim neua Ohr. Bald aber hots immer wieder Aussetzer ghet, dia send immer öfter komma und hent immer länger dauret und noch ma guta Vierteljohr hots da Geist ganz aufgeba. So a Glump!

A paar Monet hot'rs noch wieder ohne Hörhilfe probiert. Aber des war au nix. Er hot bloß immer lauter g'schwätzt, wia de meiste, wo nimme gut höret, wo moinet, de andere seiet au schwerhörig. Sobald er 's Maul aufgmacht hot, hot'n sei Umfeld bremst: Schrei doch it so.

Noch hot'r sich nomol a neu's Ohrcomputerle verschreiba lau, 's gleich Fabrikat, und wieder hot'r entsprechend zuzahlt. Und wieder isch's genauso ganga wia beim ersta Mol: Gut z'erst, dann dia elektronische Herzrhythmusstörunga und nooch ma Vierteljohr Herzstillstand. Tot. Aus. Vor Zora hotrn in Mülleimer g'worfa, den Erdamist!

Wo er noch a dritts Gerät beantragt hot innerhalb vom a guta Johr, hot Krankakass g'streikt. Er soll sich an da Vrkäufer wenda. Des mess a Garantiefall sei.

An Garantieschei hot'r natürlich koin meh ghet. Außerdem hot dr Vrkäufer sei Gschäft mittlerweile aufgeba ghet. Mit dr Garantie wars also Essig.

Jetzt hont dr Hugo und sei Schwiegertochter mit dr Krankakass rumgstritta. Fast a Johr lang. Letztendlich hot dui dann zum dritta Mol so an Hörapparat genehmigt. Se hent wieder 's gleiche Fabrikat kauft, weil alles gsait hot, des seiet de beste.

Und – ma sotts it für möglich halta! – 's ist genau wieder so ganga wia de erste zwoi Mol. Nooch knapp vier Monet hots koin Scherrer meh tua. Dr Hugo hot dia Schweizer Pfuscher alles ghoißa, bloß koine feine Herra. An Haufa Geld investiera für nix! So a Sauerei!

Jetzt hot d'Schwiegertochter an dui Herstellerfirma g'schrieba. Se hot den Fall minutiös g'schilderet und im a entsprechenda Ton. Se seiet maßlos enttäuscht. Vom a Apparat Made in Switzerland hättet se ebbes anders erwartet. Se verlange a neus Gerät und zur Abwechslung amol ois, wo länger funktioniert wia a Vierteljohr. Wenn se des it könne, wellet se 's Geld zruck.

Dia Schweizer hent des defekt Maschinle angforderet und nooch drei Wocha hent se im Hugo ihr Untersuchungsergebnis mitteilt. Dia Eidgenossa hent sich sehr zurückhaltend g'äußeret. Se häbet in dem Hörgerät Wasser g'funda, des mess mit Flüssigkeit in Berührung komma sei.

Jetzt war dr Hugo am Zug. Jo, hot der beichtet, er häb des Ersatzohr regelmäßig in warmem Prilwasser g'wäscha. 's häbs nötig ghet. – Und der Vollwaschgang hot dem Computerle offasichtlich it gut dua. Der Fall war klar, dia Schweizer rehabilitiert.

Dr Hugo aber hot mit ma bemerkenswerta Kommentar reagiert: »I hau doch it gwisst, dass Ohra geit, wo ma it putza muss.«

Jetzt ka ma bloß no hoffa, dass dia Firma künftig au Apparätla bauet, dia spül- und waschmaschinengeeignet send.

Südseeidylle

S war um 1980 rum, also no gar it so weit zruck, wenn au scho im letzta Johrtausend, wo d'Firma Kässbohrer in Ulm an Auftrag krieagt hot, der de Verantwortliche wochalang um da Schlof brocht hot. A Omnibusunternehmer von ziemlich weit doba, a Nordlicht, hot an Vier-Sterne-Bus bstellt, ausgstattet mit alle Raffinessa, au sottige, wo domols no it Standard gwea send. Und dr Clou, als Lackierung hot'r sich a Südsee-Idylle gwünscht: Meer, Palma, Sonnauntergang und … a nackada Strandnixe.

Au wenn de sexuell Revolutio domols scho weitgehend ausgstanda gwea ist, a nackeds Weib auf ma Omnibus, auf boide Seita, also des war scho no a Aufreger.

Dr Firma-Chef, dr Otto Kässbohrer, war a überaus korrekter Ma, no oiner mit Prinzipien. Er hot no sehr soziale, moralische und christliche Wertvorstellunga pflegt. Wo der des Ansinna von dem norddeutscha Kunda erfahra hot, des mit dera Nackada, hot'r spontan entschieda: »Mein Hof vrloht koi Bus mit ma nackada Weib druf!«

De verantwortliche Herra hent jetzt a Problem ghet. Den Auftrag hent se dringend braucht. A Luxusbus ist schließlich koi Dreirad! Außerdem hent se

gwisst, wenn ma de Kunda ihre Wünsche it erfüllt, au ihre ganz spezielle, noch send se weg, für ewige Zeita. Konkurrenz schloft it. Auf dr andera Seita war klar, wenn dr Otto amol Noi sait, noch hoißt des Noi, und zwar endgültig. Grad bei so delikate Sacha hot'r a eindeutiga Meinung vrtreta.

Was also dua? 's Leitungsgremium ist außerplanmäßig zammakomma – ohne da Otto Kässbohrer. Über ois waret se sich glei einig: Der Auftrag *muss* im Haus bleiba! Dr Bert Brecht hot scho gsait: Erst kommt das Fressen und dann die Moral. Und des gilt heut no meh wia domols.

Aber wia bringt ma dia Vorstellunga vom Auftraggeber und vom Chef auf oin Nenner? Dia Ansichta hent zammapasst wia Luftballo und Stacheldroht. Schließlich hent se beschlossa, erstens: Dia Planunga laufet ganz normal, zweitens: Dr Auftrag wird termingerecht in d'Fertigung geba. Auf de Schnelle hent se koi überzeugendera Lösung gfunda. Se hent halt ghofft, dass ihne bis zur Fertigstellung von dem Problemfahrzeug ebbes eifällt. – Weder dr Otto Kässbohrer noch oiner von dene eigweihte Herra hot je nomol an des nacked Weib nagschwätzt.

Und irgendwenn ist der Bus dann fertig gwea. Und lackiert. Dr Chef von dr Designabteilung hot a Lösung gfunda ghet.

Dr Auftraggeber höchstpersönlich und sei Frau hent den Luxusliner abghollet. Elegant ist'r doogstanda, schee lackiert: Meer, Palma, Sonnauntergang und … a Bikinimädle. Ma hot mit ma Hennessy agstoßa, dr Otto hot an Schwätz dua, sei Fahrzeug in Himmel nauf globt, und noch send des Nordlicht und sei Frau eigstiega, hent nomol kurz gwunka und send losgfahra, Richtung Nordpol.

Während dr ganza Zeremonie hot koi Mensch ebbes von dera in Auftrag gebana Nackada gschwätzt. Erst wo dia zwoi fort gwea send, hot dr Otto Kässbohrer zu seine Leitende num grinst und zwinkeret, hätt hoißa solla: Sehet ihr, mein Hof verloht koi Bus mit ma nackada Weib druf.

Was'r it gwisst hot, dia Bikini, Hösle und Obertoil, waret aus hauchdünner Folie. Aufgfalla wär des bloß, wenn ma ganz gnau nagucket hätt. Der Omnibusunternehmer war informiert. Er hot dene Mädla bloß dia Bikinifolie abzieha messa, noch ist am Bus han und danna a pudelnackada Eva glega. Dr Auftrag also korrekt ausgführt. Ob dui Luxusbus-Schönheit im a netta Bikini aber it genauso scheea ausgseha hätt? D'Leut aus Floisch und Blut jedenfalls sehet in dr Regel anzoga wesentlich netter aus.

Des Nordlicht aber hot sei nackets Weib ghet und dr Otto Kässbohrer sein Seelafrieda. Boide war gholfa.

Bei dem exemplarischa Fall aber hot sich wieder amol deutlich zoigt, dass dr Unterschied zwischa Geld und Moral oft bloß hauchdünn ist.

Katzakommede

Ibe koi Freund von Katza. It bloß, weil mir so a
Luder ständig ins Gärtle scheißt, se send oifach
falsch und vrschlaga. Außerdem send se eingebildet,
moinet ständig wunder und was. Auf'm Camping-
platz San Felice am Gardasee hot eis amol so a hin-
terfotzigs Viech ganz scheea zum Narra ghalta. Se
hot gschnurret, da Schwanz gstellt, ist scheiholig
um eisere Fiaß gstricha und – schwupp! – d'Wurst
gschnappt und ab. Genau wia dia professionelle
Spitzbuaba überall z'Italien!

Mei Großmutter hot immer gsait, wer Katza mag,
der mag au d'Mädla, aber des ist scho a paar Kraut-
herbst her.

Dia wo Katza haltet, Herrle und Fraule, send von
ähnlichem Kaliber wia ihre schlitzaugige Salontiger.
Zum Tierarzt in Schelklingen hot a Frau ihra Kätzle
zum Sterilisiera brocht, zur Hysterektomie, wia's im
Fachjargon hoißt. Se well it demnächst jedes Johr a
paar Mol an Stall voll junge Katza tierschutzgerecht
entsorga messa, hot se gmoint. Sei in Ordnung, hot der
Katzadokter gsait, se soll ruhig ihre Sacha in dr Stadt
erlediga, in zwoi Stund könn se des Tierle wieder holla.

Wo er noch zur Tat gschritta ist, hot'r feststella
messa, dass des koi Minka war – so hot des Kätzle

ghoißa – 's war a Rälle. Was jetzt? Dr Sachstand ist it vill anderest, hot'r denkt und eba dem Bole d'Freud gnomma.

Wo dui guat Frau zruckkomma ist, hot'r se über da wahra Sachvrhalt aufklärt. Doo hot dui an richtiga Tobsuchtsanfall kriegt, er häb koin Auftrag ghet drzua, des hätt sui nia erlaubt, der Bole krieg schieß-

lich koine Junge, des arm Tierle und überhaupt …
Se hot richtig kochet, dass dr Tierarzt froh gwea ist,
wo se ihren frisch operierta Irrtum packt hot und
abzoga ist.

A Jungbauer aus W. im Oberland hot immer wieder im Fischwasser vom ortsansässiga Grofa gfischet. Schwarz, ohne Erlaubnis, ohne Angelschei. Ma hot zwar gwisst, wer der Fischmarder ist, aber ma hot'm nix nochweisa könna. Dr gräfliche Wildhüter hot sich johrelang maßlos g'ärgeret, weil seine Regabogaforella immer wieder spurlos verschwunda send. Und dia flieget schließlich it oifach so drvo! So a Wildhüter woiß normalerweis alles, der kennt sogar d'Fluiga in seim Revier, aber den Schwarzfischer hot'r nia stella könna, obwohl er aufpasset hot wia Luchs.

Am a scheena Tag, kurz vor Nacht und Siehst-meit, hot'r des vrdächtig Subjekt in flagranti vrdwischt. Fast …! In letzter Sekunde ist'r m ab, im Wäldle vrschwunda. Desmol kommst du mir it naus!, hot'r denkt und ist wild entschlossa zum Hof von dem Fischdieb marschiert. Der ist krottabroit vor seim Stadeltor gstanda, scheinbar seelaruhig und hot den gräflicha Wildhüter freundlich grüßt.

»Sia hent grad vorher im Grofa seim Fischwasser Forella gstohla! I hau Sia no gseha! Jetzt hilft koi Leugna meh. Jetzt send Sia dra!«, hot der losglegt.

Der Angschuldigte hot guate Nerva ghet. »I?«, hot'r unschuldig dua, »i war des it. I hau dohinna da Stadel aufgromet. Gucket Se rei.«

»Ihra Stadel intressiert mi it! I hau Sia gseha! Sia hent die Forella gstohla! Gebet Sia's zua, noch schwätz i mit'm Chef, vielleicht ka ma noch von ra Anzoig abseha!«

Wia gsait, der vrmeintliche Forellastehler hot guate Nerva ghet, a cooler Typ. Er hot alles abgstritta. Se send anander richtig in d'Hoor grota. 's ist rum und num ganga.

Zmol hot sich beim Wildhüter 's Gsicht total entspannt, als ob'r a Flascha Spülmittel trunka hätt, und a Grinsa ist über seine Backa gfloga. Jetzt ist der Fischkopf doch nervös worra. Ja was ist jetzt los? Worum grinst der Kerle auf oimol so?

Der gräfliche Angstellte ist bloß doogstanda und hot gstrahlt wia Epfelbutza. A ganza Zeit lang hot'r gar nix gsait. Schließlich hot'r sei Gegenüber erlöst: »Gucket Sia amol hinter sich.«

Aus'm Stadeltor hot a Katz rausgucket ... im Maul a wunderscheene Regabogaforell. – Jetzt hot'r natürlich alt ausgseha.

»Gebet Sia's endlich zua?«, hot dr Fischdetektiv noch ma Weile höhnisch gfroget.

Was will ma doo no saga? 's ist'm nix Gscheids eigfalla. Er hot vor dr normativa Kraft des Faktischen kapituliera messa. Er hätt natürlich behaupta könna, d'Katz häb den Fisch im Heustock gfanga, aber des wär wahrscheinlch koi guata Ausred gwea.

Weil sich dr Bürgermoister eigschaltet hot, hent se sich später außergerichtlich geinigt. Send trotzdem teure Forella worra.

Johrelang hot'n der Spitzbua an dr Nas rumgführt. Endlich hot'r n am Wickel ghet. Katz hot'n zur Strecke brocht. Da oigena Herra. – So send d'Katza!

Was mit dera Fischkatz passiert ist? I woiß it. – I hätt se gmetzget.

Dr lieaba Opapapa

Kranke bsucha ist a guats Werk. 's ka aber au dr Horror sei. Bsonders für da Kranka. De folgend Gschicht ist vrbürgt.

Tatort: a Zwoibettzimmer in dr Uniklinik z'Ulm. Opfer: a alter Herr. Täter: a Familienbande. Der alte Herr, frisch operiert und no arg schwach, aber trotz seim Zustand und trotz seiner achtzig Johr no hellwach. Am Sonntigmittag ist sei Sohn auf Bsuach komma mit Frau und Kinder, zirka fünf und siebn Johr alt. Und noch isch rundganga. »Opa, krieaget mir a Eis? In der Cafeteria geits a guats.«

»In dr Schublad liegt dr Geldbeutel.« Der alte Ma hot Ruah braucht und Ruah wella. Aber se hent'm koina glau.

D'Schwiegertochter: »Gestern hem'ma deine Bluma gossa. Was machst eigentlich amol mit deim schöna, großa Teppich in dr Stuba, mit dem Sarugh? Der dät guat in unser Wohnzimmer passa.«

»Der passt in vill Wohnzimmer.«

»I hau bloß denkt ...«

»Denk du no.«

Noch hent se ausführlich vrzehlt, dass se morga in Urlaub fahre mit'm Bruder und seiner Familie, ins Glottertal. A Arbeitskolleg vom Ma häb ihne für vierzeah Tag sei Ferienhaus vrmietet. Und wenn ebbes wär, seiet se in zwoi Stund doo. Des hent se a Dutzed Mol betont.

Mittlerweil send dia Kinder wieder zruckkomma mit ihrem Eis. Und glei wars wieder laut, unruhig und bäbbig. Überall. Kinder halt.

Wo des Jungvolk grad 's Krankazimmer wieder eroberet ghet hot, ist dr jüngere Sohn angrückt, au mit Frau und zwoi kleine Kinder. Dia hent natürlich au a Eis wella.

Dr Opa: »In dr Schublad ist dr Geldbeutel.«

Wo's n gfroget hent, wias ihm gang, hot'r gmoint: »Heut morga isch mr 's besser ganga.« Und dann hent se wieder über da Urlaub palaberet, und dass se in zwoi Stund doo seiet, im Fall eines Falles.

Irgendwenn hent dia Fraua gmoint, a Kaffee wär jetzt guat.

»Opa, du spendierst uns doch oin?«

»In dr Schublad liegt dr Geldbeutel.«

Wo de ganz Bagage dussa gwea ischt, hot dr Kranke aufgschnaufet: »Gott sei Dank a Ruah!« Er war sichtlich erleichtert. Aber dia Bloggoister send zruckkomma. Und dann hent dia Kinder vrzehlt, dass se morga an Gardasee fahre in Urlaub.

Des war offasichtlich a Regiefehler. De Alte hent krampfhaft vrsucht, dene Junge und dem Kranka klarzmachet, dass se ins Glottertal fahre. Aber dia Kinder hent sich it ins Bockshorn jaga lau. Ois hot goschet: »Ihr saget des bloß wegem Opa.« Des hot dann oina gfanga, aber zum retta war nimme vill.

»Jedenfalls send mir in zwoi Stund doo«, hot dr jüngere Sohn dui Diskussion schlieaßlich beendet. Und dr Opa sarkastisch: »Vom Gardasee!?«

Dann hent dia Junge nomol a Eis wella. »Woischt Opa, 's ist soo hoiß.«

»In dr Schublad ist dr Geldbeutel.« Wenigstens wieder a Weile a Ruah! A Schwiegertochter hot dem Kranka klarmacha wella, dass dr Dokter N. de näxte zehn Tag guat auf'n aufpassa däb. »Mir hent mit'm gsprocha.«

»Wenn?«

»Wenn? Ja wenn ...? Vor a paar Tag.«

»Dr Dokter N. ist seit am Freitag für zwoi Wocha in Spanien.«

Offasichtlich hot an dem Tag alles it so richtig naghaua. Se hot sich nausgschwätzt, vom Urlaub häb'r ihne nix gsait. Aber er sei jo überm Berg und dr Dokter G. sei au a guater Arzt. »Und wenn tatsächlich ebbes wär ...«

»... noch dät ma mi halt eigfriera, bis ihr zur Beerdigung Zeit hättet.«

Auf des na hent se g'schwiega und sich vrabschiedet. Und, wia gsait, in zwoi Stund seiet se doo, wenn ... also wenn ...

»Scho reacht«, hot der alte Ma gmoint und war froh, dass'r endlich sei Ruah ghet hot.

Früher und heut

Wenn ma heutzutag für Halbwüchsige vrantwortlich ist, duat ma it leicht. Ma derfs kaum scharf angucka, au wenn se oim buchstäblich auf'm Kopf rumtanzet, sonst hot ma glei a Vrfahra am Hals. Und 's geits doch so Hurabuaba, wo regelrecht bettlet, dass ma'm oina an Backa na haut. – Zu meiner Zeit war des no anderst.

In dr Stadtpfarrkirch in Ehingen ist früher vom Raum, wo sich d'Minstranta anzoga, wo se »eigschlaift« hent, nunder in d'Sakristei a steila, gwendelta Treppa ganga. Se war bloß mit ma dicka Soil als Handlauf gsicheret. A richtiga Hennaloiter.

Für d'Minstranta war des a herrlicher Spaß, mit Schwung an dem Soil in d'Sakristei nasausa, au wenn scho noch a paar Meter d'Händ brennt hent wia Feuer. 's war a gfährlicha Rutsche! Wenn ebber Treppa nauf ist und zmol kommt so a Lausbua im Sturzflug um d'Kurv rum gschossa, hätts Tote geba könna. Und unta ankomma hots immer wieder oine elend auf d'Welt naghaua.

Drum war der Kamikatse-Abgang vrbotta. Wenn koi Pfarrer und koi Messmer in Sichtweite waret, ist trotzdem oiner noch'm andera nundergfloga. Bungee-Springa der bsonderen Art! Minstranta – Teufelstrabanta, so hot ma domols über dia Spitzbuba g'urteilt. Und it umsonst.

Am a Sonntig im Moi send die Kerle au nochanander Treppa nagschossa. Zmol ist dr Kaplan auftaucht. »Des hört sofort auf, sonst krachets!«, hot der die Kerle angfahra. Dia oba hent des natürlich it mitkriegt und send weiter nundergfloga. Da Done hots als Ersten vrwischt. Er ist no it recht auf'm Boda gstanda, hots scho eingschlaga, links und rechts an Backa na. Und des saftig! »Lausbua, elender, woißt du it, dass des vrbotta ist!« Dr Herr Kaplan ist richtig bös gwea. Dr Done ist gschwind vrschrocka und noch schnell aus'm Kaplan seim Schlagschatta vrschwunda. Er hot sich gwunderet, bisher hots nia körperliche Züchtigung geba beim Herr Kaplan. Und jetzt des. – Sei Vorgänger war berüchtigt wega seiner kerniga Handschrift. Machts der dem jetzt nooch? Dr Done jedenfalls hot sich still vrdruckt; a paar an d'Löffel na war schließlich a ganz normaler Vorgang.

Beim Hochamt hot'r noch 's Rauchfass gschwenkt. Von vor dr Opferung bis zur Wandlung haltet sich dia Minstranta an Rauchfass und Schiffle immer in dr Sakristei auf. Und doo muss ma jo au ebbes dua. Se send drum naus auf da Kirchhof, hent a paar Löffala Weihrauch auf de glühende Kohla im Rauchfass gschauflet, dass qualmt hot wia a Krematorium, und hents dann unter d'Dachrinna ghebt, bis oba am Dach dr Rauch rauskomma ist. Des sieht dann aus, als ob d'Kirch brenna dät. Tatsächlich hot scho amol a Nochbere d'Feurwehr alarmiert. Und jetzt, kaum ist dr Rauch zur Dachrinna naus, hot an dr entfernta Seite vom Kirchplatz 's alte Fräulein Sofie im zwoita Stock 's Fenster aufgrissa und gschriea: »Doo brennts ...!!« – Noch hot se dia zwoi Feuerwerker gseha: »Ihr Hurabuaba, ihr elende! Was machet ihr doo?! Des sag i im Herr Pfarrer!« – Eigentlich hätt se jo wissa messa, des war schließlich it 's erste Mol, dass dia Lausbuba dr Dachrinna einghoizt hent.

Natürlich war au *der* spezielle Freizeitsport strengstens vrbotta. Und grad drum so intressant! Dia, wo's trotz Vrbot gwagt hent, waret Helda. Aber jetzt hent die zwoi 's Muffasausa ghet. Wenn dui alt Schrapnell des tatsächlich im Herr Pfarrer vrzehlt und der des dann de Vätter ... Aus Erfahrung hent se gwisst, *dia* vrlängerte Strofaktiona hents in sich.

Dahoim hot dr Done natürlich it vrzählt, dass'r da Grind voll kriegt hot. Er hot inständig ghofft, dass des ganz Theater im Sand vrlauft.

Noch'm Mittagessa – alle send no am Tisch gsessa – hots an dr Haustür glopfet. Dr Herr Kaplan ... Treppa! Rauchfass! Dachrinna! Sofie! Im Done send alle seine Sünde eingfalla. Er ist kreidableich worra. Er hots scho einschlaga höra.

So an honoriga Bsuch hot ma natürlich glei in d'Stuba gführt und g'froget, ob er ebbes essa well. Noi, hot'r it wella. Er sei komma, um sich ... zu entschuldiga. Heut Morga häb'r im Done d'Backa vrschlaga, weil'r d'Stieg nag'seglet sei. Des däb'm leid, er möcht sich drfür beim Done, seim besta Minstranta, persönlich entschuldiga. »Des ist it nötig«, hot im Done sei Vatter gmoint, »der hots bestimmt braucht.« Doch, er möcht sich entschuldiga, hot dr Kaplan wiederholt. Des hot'r dann au dua, und noch ist'r ganga. Dr Vater hot'n nausbegleitet. Wo'n r dussa gwea ist, hot dr Done zerst amol aufgschnaufet und sich dann vrdünnisiert. A paar Stund, bis sich dr Pulverdampf vrzoga ghet hot, war'r unauffindbar. Sicherheitshalber. Er hot an seine einschlägige Erfahrunga denkt. – Dass sich dr Herr Kaplan aber für ebbes ganz Selbstvrständlichs entschuldigt, hot alle gwunderet.

Was wär wohl passiert, wenn dr Herr Kaplan heut so ma Bubi a paar an Backa naghaua hätt? D'Mutter hätt'm d'Auga auskratzet, er wär in dr Bildzeitung komma, ma hätt'n vom Dienst suspendiert, strafrechtlich verfolgt, weil des bei eis, wenn ma so ma Lausbua oina schmiert, mindestens so schlimm ist wia a Raubmord. Bei dene Barbara früher aber war des Alltag. Drfür hent die Junge domols keine Drogaprobleme ghet, koine Gewaltprobleme, koine Konzentrationsprobleme und koine Alkoholprobleme, weil se koi Geld ghet hent. Aber heut send mir natürlich vill weiter, fortschrittlicher, moderner, wissaschaftlicher und … humaner. Oder?

Dr Jubiläums-Most

De meiste Leut heuzutag hent statt Most, wia früher, Heizöl im Keller. Au Baura. 's geit aber au no oine, sogar in dr Stadt, wo Johr für Johr mostet, oft noch ganz spezielle, streng geheime Rezeptura. Und jeder von dene Spezialista macht natürlich da besta Most, au wenn'r normale Leut a Loch in Maga frisst. De größt Freud macht ma dene Holzäpfelvredler, wenn ma ihre Kreationa lobt. Kritisiera derf ma it, sonst hot ma's vrschissa drbei auf ewige Zeita.

Dr Hans ghört zu de bsondere Supermoster. Jedes Johr füllt er zwoi 100-Liter-Fässle, ois mit Äpfel- und Birasaft und ois mit Beerasaft. Sei Mosterei lauft noch ma ganz bestimmta Ritual ab. Doo gohts penibler zua wia in ra Apothek.

's kommt bloß a Eichefass in Frog. Kunststoff sei a unnatürlichs, chemisch Zuig, doo *könn* dr Most nix werra. In Äpfelmost nei kommet Wachholderbeera und Honig. Wia vill? Des bleibt Betriebsgeheimnis. In Beeramost gibt'r zwoi Liter Milch, des mach des Gsöff erst mild und süffig. Was'r sonst no für Mixtura vrwendet, sait'r it.

Au 's Anstecha ist a Wissaschaft für sich. Er loset jeden Tag am Fass, bis ... ja bis was eigentlich? Er sait it, was'r hört. Irgendwenn geit'r sein Most zum Trinka frei, mit ra emphatischa Geste, als wenn'r grad in Himmel neigucket hätt.

2004, in seim dreißigsta Ehejohr, hot'r an ganz bsondera Tropfa kreiera wella. Er hot außer de übliche Ingredienzen dem Saft no Holder und Zucker zugsetzt. Mit'm Holder ka ma dem Most a wunderbara Farb geba. Je noch Mischung roicht d'Farbskala vom dunkla Rot vom Bordeaux Chateau Beaumont über Rosé bis zu hirschfiedlafarbig.

Wo er noch ra gewissa Zeit noch seim Jubiläumsmost gucket hot, ist'm aufgfalla, dass in dem Fass dinna rumort hot wia in ra Wäschkuche. So an Aufruhr beim Saft hot'r bisher it kennt ghet. Von doo a hot'r jeden Tag am Fass gloset, oft a paar Mol. Irgendebbes hot it gstimmt. In dem Fass ist dr reinste Hexasabbat abganga. Des hot'm gar it gfalla. Er hot a unguats Gfühl ghet, ähnlich, wia wenn d'Unterhos it richtig sitzt.

Dr Hochzeitstag ist auf'n Sonntig gfalla. Kaum wach, ist dem Hans scho der Most im Kopf rumganga. Er hot aufstanda wella und noch seiner Auslese gucka. Sei Weib hot gschimpft: »Lass doch den Most Most sei! Kascht sowieso nix macha! Ist'r der Scheißmost wichtiger wia eiser Hochzeitstag?« Dr Hans hot sich nomol rumdreht. Lang hotr 's aber it ausghalta. Er ist aus'm Bett gschlupft und im Schlofanzug in Keller gschlicha.

In dem Fass hots mächtig brodlet. Dr Hans hot vorsichtig an da Gärspunta klopfet ... Des hätt'r it

dua solla. 's hot an Schlag dua, den Spunta nauskaua und eine Holdermostfontäne ist an Decke naufgschossa, a Ausbruch wia weiland beim Vesuv, anno 79 nach Christus, wo Pompeji drbei unterganga ist.

Dr Schreck ist'm in alle Glieder gfahra. Instinktiv hot'r mit dr flacha Hand 's Spundloch abdichta wella. Aber des war a untauglicher Vrsuch. Mol links, mol rechts isch's an dr Seita nausgspritzt. Nooch dr ersta Dusche von dr Decke ra send immer weitere komma. Er ist pudelnass gwea: Gsicht, Hoor, Händ, Fiaß, Schlofazug. A nasser, rosaroter Sack, so ist'r doogstanda. A tragischa Figur.

Mit dr Zeit hot dr Druck aus'm Fass noochglau. Dr Hans hätt heula könna. Sei Most an Decke, Wänd und als Bodasee. D'Decke und de hinter Wand hent furchtbar ausgseha. An de andere Wänd hots zum Toil ganz originelle Muster nagspritzt ghet. Dr ganze Keller, alle Flascha, Gläser, Kista, Schachtla: rosarot. Schlimm!

Zmol ist sei Thea auf dr Kellertreppa gstanda und hot dui Bescherung begutachtet. »Am Hochzeitstag hot ma normalerweis ebbes Bessers zum tua, als noch'm Most gucka«, hot se noch ma Weile gmoint, im a Ton, dass'r dr Hans am liebsta an Gurgel wär.

»I zieh mi jetzt a und putz dui Sauerei auf, so guats eba goht«, hot'r rausdruckt, wo er sich einigermaßa gfanga ghet hot.

»Unterstohst dr 's!«, hot sei Weib droht. »Heut, am dreißigsta Hochzeitstag! Und am Sonntig!«

Er hot noch bloß da Trester und da Dreck, wo's beim Gära rausschaffet, von dr Decke kratzet, dass des Zuig it natrocknet ist.

Vom Krach und vom Umtrieb im Keller ist au dr jüngste Sohn, dr oinzig, wo no dahoim gwohnt hot, lebig wora. Wo der dui Sauerei gseha hot, hot'r broit grinst und gmoint: »So … host angstocha?«

Des war zvill. »Halt dei saudumma Gosch!«, hot dr Hans gschriea und hätt'n am liebsta ungspitzt in Boda neighaua. – Dr Festtag war natürlich gloffa. Se hent bloß anenander nazennet und d'Thea hot an dem Tag meh gheulet wia de ganze zwoi Johr vorher. Au wo de andere Kinder komma send, war nix meh zum retta.

Wenn dr Most au zu nix meh taugt hot, zum an Festtag vrhunza hots alleweil no groicht.

A paar Wocha später hent se noch da Keller gweißlet, bis auf oi schmala Wand. Dui hot irgendwia »heiß« ausgseha, a bissle wia a Picasso-Gouache aus seiner rosa Periode. Jetzt vrblasset d'Farb und d'Kontura langsam. Demnächst wellet se da ganza Keller nomol streicha.

Da dreißigsta Hochzeitstag aber im Jahre des Heils anno domini 2004 wird dr Hans und sei bessera Hälfte sicher nia vrgessa.

Big brother …

Normalerweis ist d'Fasnet a todernsta Anglega-hoit. Doo isch wichtig, dass d'Noht vom Häs auf da Millimeter genau stimmt, dass jeder versiche-ret ist und jeder sein Beitrag zahlt. Gelegentlich, meistens ganz am Rand, geits au amol ebbes, wenn au it zum Lacha, aber doch zum Schmunzla.

In M., bekannt als Fasnetshochburg, hot sich am Fasnetssonntig ebbes anbahnt, wo im Nochhinein, wo scho alles vorbei war, a unwiderstehlicha Eiga-dynamik entwicklet und d'Fasnet total an d'Wand drängt hot. In der ganza Stadt. A kurz Happy, ohne End.

Noch'm Umzug hent die Narra eikehrt wia üb-lich. An dr Fasnet trinkt ma jo it unbedingt Adelheid. Se send also lustig zammagsessa. Unter de organi-sierte Narra a honoriger, stadtbekannter Ma und a Frau, vrheiratet zwar, aber um d'Fasnet rum it so arg streng. Ma lebt jo 's ganz Jahr grundsolid, doo ka ma im Trubel au amol a bissle über Sträng schlaga, bson-ders wenn dr Ma mit Fasnet gar nix am Hut hot und lieber dahoim mit a paar Bier vor dr Glotze hocket.

Dr ganz Haufa hot also Heidewitzka gsunga, gschunklet, trunka und mächtig Rabatz gmacht. Später hent die zwoi dann tanzet, der honorig Ma

und dui verheiratet Frau, und so bhäb, dass it oi Blättle Hakle feucht drzwischa ganga wär – und it bloß, weil's auf'm Tanzboda so eng herganga ist. Beim Tango hent se sich vrstohla küsst. Mit dr Zeit aber ist der Gigolo in seiner Liebeseuphorie immer frecher worra und hot an dem Weibsbild rum- knutscht, überall, wo Haut freiglega ist. Und des war it wenig! Und se hots it ungern ghet.

Tja, wia's in sottige Situationa eba goht, dene zwoi ist alles z'eng worra und alles ist z'wenig gwea. Und weil's dussa scho ziemlich dunkel gwea ist, hent se sich auf Französisch vrabschiedet. Im Hof, am Hauseck, hent se dann weitergschaffet. Ganz un- gstört send se aber au doo it gwea, und mit dr Zeit hent se gfrora. Au dr hoißeste Liebhaber kühlt ir- gendwenn ab. D'Fasnet ist halt amol im Winter, und doo hilft au dui global Klimaerwärmung it vill.

Wo se trotz ihre Übunga langsam bibberet hent, ist zmol a deus ex machina, ist Rettung in Sicht komma.

»Guck, doo danna, bei dr Bank, doo ischs offa. We- gem Geldautomat. Und warm isch doo sicher au. Dass mir doo it scho eher drufkomma send. Los, auf!«

Mit a paar schnelle Sätz send se über d'Stroß und schwuppdiwupp waret se in dr Bank verschwunda. Doo wars tatsächlich trocka und warm. Und un- gstört waret se au. Koi Mensch hot am Fasnetssonn- tag, am Obed, no a Geld braucht.

Dui Wärme, dr Alkohol und d'Fasnet vrmutlich hent die zwoi nomol zu großer Form auflaufa lau.

Leidaschaft braucht Intimität, koi Störung und ... Wärme. Ruckzuck waret se wieder auftauet. Und wia! Die Schnäbel und dia Händ send fast it nochkomma. Sogar d'Fiaß hent se eigsetzt. Dera Überwachungskamera ist schier d'Lins rausgfalla. So ebbes! Lieba am Geldautomat! A ganz neua Dimensio! – Irgendwenn ist aber au dui rum gwea.

A paar Tag später, am Aschermittwoch, hent se in dr Bank routinemäßig da Film in dr Überwachungskamera ausgwechslet. Wo dui Angstellt dia Bilder flüchtig agucket hot, schreit se zmol ganz aufgregt ihrer Kollegin: »Guck amol doo her! Des ist doch ... ja des ist im Ding sei Frau! Sag amol ... Und wia dia ... jooo ... huhu ... heidanei ...«

Alle ... Bewegunga, sage jetzt halt amol, waret gstocha scharf aufgnomma, von vorna, hinta, links, rechts und von oba, zwar bloß schwarz-weiß, aber des hot, grad in so ma Fall, au sein Reiz. De ganz Bank hot sich dia erotische Preziosa zu Gemüte gführt.

Wega dr sprichwörtlicha Diskretion von de Banka kennt jetzt de ganz Stadt dui ... Bildergeschichte von dem honoriga Ma mit dera vrheirateta Frau. Peinlich – it bloß für d'Bank. Dr George Orwell hot scho vor guat fünfzig Johr gschrieba: The big brother is watching you. Au in M. Se hättet's also wissa messa.

»Eine schöne Bescherung«

Schon monatelang war ausgemacht, dass Onkel Martin bei Philipp, fünfeinhalb, und Rebecca, dreieinhalb, erstmals den Nikolaus spielen sollte.

Einige Tage vor dem 6. Dezember informieren die Eltern der Kinder, das Zahnarztehepaar Robert und Eva, den Nikolaus in spe noch einmal über die von ihm erwartete Vorgehensweise in Sachen Bescherung. Beide Kinder seien sehr sensibel, er müsse daher äußerst behutsam vorgehen. Und keinen Knecht Ruprecht, bitte! Auf keinen Fall! Sie wollten nachher keine traumatisierten Kinder.

Der Besuch wurde auf abends halb sieben terminiert, zur besten Nikolauszeit. Onkel Bernhard und Tante Ruth, ein kinderloses Ehepaar, hätten sich auch zur Premiere angesagt. Alles sei bestens vorbereitet.

Der 6. Dezember. Die Eltern und die Kinder sitzen erwartungsvoll in der Stube. Pünktlich auf die Minute läutet draußen ein Glöckchen. Der Nikolaus! Die Kinder drücken sich noch enger in die Rockschöße ihrer Mutter. Robert geht hinaus und öffnet dem heiligen Mann. Unter der Haustüre beschwört er ihn noch einmal: »Bitte, sei zurückhaltend, es sind Kinder, empfindsame Kinder.«

Ja, ja, so ist das heute, wundert sich der so Ermahnte. Zu meiner Zeit hat man den Nikolaus noch bestellt, um den Kindern ordentlich die Leviten zu verlesen, gegebenenfalls auch, um ihnen vom Knecht Ruprecht den Hintern versohlen zu lassen, obwohl die Väter damals in dieser Beziehung auch nicht gerade zimperlich waren. Heute dagegen soll er die Früchtchen nur noch belohnen für ihre Aufsässigkeit. Bestrafen? Um Himmels willen! Allerhöchstens milde tadeln, die Kleinen sind ja *so* zart besaitet. Und dann wundert man sich, wenn sie später den Staatsbesuch aus Amerika mit faulen Eiern bewerfen und Steuern hinterziehen!

Mit einem sonoren »Guten Abend, liebe Kinder« betritt der ebenso erwartete wie gefürchtete Nikolaus das Wohnzimmer. Die Kinder erschrecken beim Anblick des exotischen Besuchers. Der große, geheimnisvolle Mann mit dem langen, weißen Gewand, dem roten Umhang, der Bischofsmütze, dem überdimensionierten Bart aus steriler Hartmann-Watte und dem Krummstab flößt Respekt und Angst ein. Aber er lächelt freundlich und erzählt, dass er vom Christkind komme, um gute Kinder zu loben und zu beschenken und böse zu bestrafen. Als er den Kleinen die Hand entgegenstreckt, schlagen sie, immer noch misstrauisch, zögerlich ein. Dann fragt er die Eltern, ob die beiden auch lieb und fleißig gewesen seien. Und als diese bejahen, tauen die Kleinen auf und wagen sich vorsichtig aus der Deckung.

»Ich bin mit dem Rentierschlitten unterwegs, weil ich noch viele Kinder in aller Welt besuchen muss«, erklärt der Nikolaus den Kleinen.

»Warum nimmst du kein Flugzeug?«, fragt Philipp schüchtern.

Auf diese logische Frage fällt dem Nikolaus auf die Schnelle nichts ein. Statt einfach zuzugeben, dass er den Pilotenschein nicht geschafft hat oder als Ökofreak, der Umwelt zuliebe, die Rentiere durch den Wald hetzt, stottert er unsicher: »Alsooo ... wo sollte ich landen? Ihr habt ja keinen Flugplatz.« Er ist froh, die Kurve gerade noch einmal erwischt zu haben.

»Jetzt wollen wir aber mal sehen, was in meinem goldenen Buch so alles über euch beide geschrieben steht«, fährt er dann fort. »Du, Rebecca, hast deiner lieben Mami fleißig beim Plätzchenbacken geholfen.«

»Plätzchen ... ja«, stammelt die Gelobte.

»Brav, brav. – Auch den Philipp muss ich loben. Jeden Mittag führt er den Arco spazieren. Gut so. – Aber was lese ich da? Dein Flötenspiel ist sehr verbesserungsbedürftig. Du übst zu wenig, du bist faul. Wenn sich das nicht bessert, kauft dir Onkel Bernhard keine neue Flöte.«

»Onkel Bernhard ist ein Geizhals«, kontert Philipp mutig.

»Geizhals«, echot Rebecca.

»So so, ein Geizhals. Wer sagt denn so was?«

»Die Mami.«

»Dann muss ich wohl die Mami tadeln. So etwas sagt man nicht, Mami!«, droht der Nikolaus der Übeltäterin.

»Weißt du denn, was ein Geizhals ist?«, wendet er sich wieder an den Buben.

»Ja, wenn er mir keinen Gameboy kauft.« Das vermeintliche Sensibelchen ist hellwach.

»Du musst fleißig üben, dann bekommst du von ihm ... ja ... ein Instrument.«

»Nikolaus, ich – will dir – etwas – sagen«, meldet sich Rebecca couragiert zu Wort.

»Bitte sehr. Ich höre ...«

Sie bedeutet dem Mann mit dem Bischofsstab, dass sie ihm etwas ins Ohr flüstern möchte, und als der sich zu ihr hinunterbeugt, stottert sie aufgeregt: »Tante Rita – ist – eine – eine Dampfnudel.«

»Hoho, das wird ja immer besser! Habt ihr gehört, Tante Rita ist eine Dampfnudel!«

Jetzt gibt der Nikolaus seine vornehme Zurückhaltung auf. Tante Rita ist schließlich seine Frau. Und sie bringt tatsächlich an die 200 Pfund auf die Waage.

»Hat das auch die Mami gesagt?«, fragt er die Kinder.

»So ein Unsinn!« Die Kindsmutter geht energisch dazwischen, ehe das Plappermäulchen etwas sagen kann. »Warum erzählst du solche Märchen, Rebecca? Das stimmt doch alles nicht!«

Auf das empfindsame Seelenleben der Kleinen nimmt sie jetzt keine Rücksicht mehr. In dieser prekären Situation vergisst sie alle ihre hehren Erziehungsgrundsätze.

Das Familienoberhaupt befürchtet, dass der wohl vorbereitete Abend in eine ganz falsche Richtung abdriften könnte. Deshalb schlägt er vor, dem Nikolaus ein Weihnachtslied vorzusingen und stimmt an: »O du fröhliche-e ...« Aber keine Reaktion.

»Warum singt ihr denn nicht?«, fragt die Mutter vorwurfsvoll und beginnt ihrerseits: »O du fröhliche-e ...« Wieder keine Reaktion.

»Was ist los? Ihr singt doch sonst immer!« Eva begreift das Verhalten ihrer Sprösslinge nicht.

»Los!«, muntert sie die Kinder auf, »versuchen wir es noch einmal! O du fröhliche-e ...«

Wieder nichts. Die Kinder bleiben stumm.

Frustriert und ziemlich ratlos stehen die Eltern der kollektiven Gesangsverweigerung ihres Nachwuchses gegenüber.

Der Nikolaus hat mittlerweile wieder von der erregten Onkel-Martin-Stimme zur tiefen, sonoren Nikolausstimme zurückgefunden und versucht auch die Gesprächsführung wieder zurückzugewinnen.

Das aber erweist sich als gar nicht so einfach. Kaum hat er wieder in seinem goldenen Buch zu lesen begonnen, unterbricht ihn Philipp.

»Nikolaus, du siehst aus wie der Onkel Martin.«

Diese Bemerkung nimmt dem Aushilfsheiligen mit einem Schlag alles Außerirdische.

Jetzt wäre die Chance himmlisches Format zu zeigen, den Kindern gewisse anatomische Zusammenhänge kindgerecht zu erklären. Der überforderte Neuling aber lässt die Gelegenheit aus.

»Du irrst dich«, sagt er dann etwas überhastet. Mehr fällt ihm dazu nicht ein.

Der angeblich so mimosenhafte Philipp aber lässt nicht locker: »Du hast auch so eine hässliche Brille wie der Onkel Martin. Hast du auch so eine Glatze? Nimm einmal deinen ... deinen Hut ab, den ... den komischen.«

Der Nikolaus spürt, dass der Kleine seine ganze Autorität zu untergraben droht. Nachdrücklich erklärt er deshalb, dass er immer nur im vollen Ornat zu den Kindern kommen kann und dass er im Übrigen in Eile sei. Dann lobt er den Dreikäsehoch, weil er fast täglich beim Bauern Milch holt, selbst spät am Abend.

»Du bist ein tüchtiger, ein großer Junge«, schließt er.

»Ja, ich kann auch schon ein großes Geheimnis be...be...behalten«, zeigt sich Philipp stolz.

»Geheimnis«, plappert Rebecca nach.

»Ein Geheimnis, so so.« Der Nikolaus wird neugierig.

»Was ist denn das für ein großes Geheimnis?«

Die Hausglocke läutet. Robert wirft einen entsetzten Blick auf seinen Filius und eilt dann zur Haustüre. Bernhard und Ruth, wie erwartet. Sie faseln etwas von einem Unfall, als Erklärung für ihr Zuspätkommen. Robert nimmt die beiden mit ins Wohnzimmer.

Während er draußen nach den späten Besuchern sah, ging drinnen der Dialog weiter. Philipp antwortet auf die Frage des Heiligen nach dem Geheimnis: »Das darf ich nicht sagen, sonst muss mein Papi sterben.«

»Dem Nikolaus darf man alles sagen. Deswegen muss niemand sterben.«

Philipp zögert. Er ist unschlüssig. Schließlich siegt sein Mitteilungsdrang.

»Die Betty ist in der Praxis dem Papa auf dem Schoß gesessen, und sie haben geküsst.«

Robert, zurück mit den Neuankömmlingen, bekommt das mit dem Küssen gerade noch mit.

Genau das hatte er befürchtet.

»Was redest du für einen Quatsch!«, ranzt er den Buben an. »Wie kommst du darauf? Bist du verrückt!«

»Die Betty hat auch gesagt, ich ...«

»Halt deinen Mund!«, fährt ihm Robert in die Parade. »So einen Schwachsinn verzapfen!«

Der Gescholtene beginnt zu weinen. Soll er! Unter keinen Umständen will ihn Robert weiterreden lassen. Der Karren ist zwar an die Wand gefahren, aber vielleicht kann er verhindern, dass er auch noch brennt.

Während Robert wettert und mit fahrigen Gesten verunsichert in der Stube herumfuchtelt, steht seine Frau wie zur Salzsäule erstarrt. Ahnungslos, wie sie war, versuchte sie nicht, Philipps Erzählungen zu unterbinden. Das Stimmungsbarometer sackt nach dessen Aussage augenblicklich auf 40 Grad unter Null.

Der Nikolaus genießt die neue Wendung klammheimlich. Er betrachtet das Debakel als Retourkutsche für die Dampfnudel.

Und als wäre das Desaster nicht groß genug, reitet ihn jetzt auch noch ein subversiver Teufel.

»Tante Ruth und Onkel Bernhard, der Geizhals, wie ihn Rebecca betitelt hat, sind auch noch gekommen. Guten Abend.« So begrüßt er die beiden.

Er hat, Gott sei Dank, Rebecca gesagt, nicht Eva. Wenigstens das! Trotzdem sind jetzt Wut und Konfusion vollkommen. Eva starrt ausdruckslos ins Leere. Der Geizhals mit Frau steht irritiert an der Tür. Die Kinder weinen. Der Nikolaus ist verärgert und amüsiert zugleich. Die Luft ist so unheilgeschwängert, dass er jetzt kurzerhand seine Geschenke auf den Teppich leert, weil er jeden Augenblick eine Katastrophe befürchtet. Dann verabschiedet er sich, und wie zum Hohn wünscht er noch ein friedliches Weihnachtsfest. – Dieser Schurke!

Der Vater begleitet ihn hinaus. Vor der Tür, im Schein der Eingangsleuchte, außer Sicht- und Hörweite der Kinder, schauen sich die beiden in die Augen, ärgerlich der eine, erschlagen, verstört, verunsichert der andere.

»Und?«, fragt der Mann mit dem Bart nach einer Weile zornig.

»Ich brauche jetzt erst einmal einen doppelten Cognac.«

Damit gibt sich der verkleidete Bruder nicht zufrieden.

»Und sonst ...?« Robert zögert. Dann meint er sarkastisch: »Tja ... es weihnachtet sehr ...«

»Den Eindruck hat man ...«, bestätigt der Nikolaus sibyllinisch. Sprichts und stapft hinaus in die Nacht zu seinem 180-PS-Schlitten.

Park & Go

Gelegentlich vrlebst Sacha, wo da hinterher bloß da Kopf schüttla kascht. Bei andere dädest saga, des ka bloß dem Hennafiedla passiera.

I hau a Radiozeitung abonniert. Jeda Woch pünktlich 's Radioprogramm, des ist mir wichtig. Und a Werbegschenk hots zusätzlich geba, an Staubsauger, an kleina, handlicha fürs Auto und gschwind fürs Büro.

Nooch dr ersta Zahlung hot UPS des Werbegschenk brocht. Anhand von ra beiglegta Aufstellung hau'ne d'Vollständigkeit von dr Lieferung überprüft. Alle Einzelteile waret komplett vorhanda. A Staubbeutel war koiner drbei. An so ra lächerlicha Gugga isch's ausganga! Des ist ungfähr so, wia wenn ma a Auto ohne Motor liefera dät.

I hau den Dinger zammabaua messa. Dui Gebrauchsanleitung war a Meisterwerk in Englisch, Französisch, Italienisch und – ma sotts it glauba! – in Deutsch. Ellalang und so umständlich wia möglich war jeder Handgriff beschrieba. Hot bloß no dr Hinweis gfehlt, dass des Gerätle it zum Verzehr bestimmt sei und dass ma's it zum Rasamäha benutza soll.

Doo sind zum Beispiel so eminent wichtige Sacha dinna gstanda wia: Vor der Inbetriebnahme entnehmen Sie alle Bestandteile des Sina 2200e aus der Verpackung. – Mit ma eipackta Staubsauger ka ma au schlecht sauga. Dann: Schalten Sie das Gerät mit dem Ein- und Ausschaltknopf ein. – I be zwar alles andere als a Technikfreak, aber an Staubsauger bring i in dr Regel zum Laufa. Weiter: Tauchen Sie den Staubsauger niemals in Wasser oder andere Flüssigkeiten. – Lassen Sie den Sina 2200e während des Betriebs niemals unbeaufsichtigt. – Na ja, ma woiß nia, was so ma Staubsauger für Dummhoita eifallet. Dann: Saugen Sie keine Flüssigkeiten sowie entflammbare, glühende oder spitze Gegenstände ein. – Des hau'ne eigentlich it vor. Schließlich a ganz wichtiger Tipp: Bevor Sie den Kundendienst anrufen, vergewissern Sie sich, dass der Stecker angeschlossen ist. – Wer hätts denkt!

Außerdem stoht in dera Anleitung, dass des Gerätle mit ra »Park & Go«-Funktion ausgstattet ist. Park & Go? Auf Deutsch: Parken und gehen. Bei ma Staubsauger? Noch dr Beschreibung hoißt des, dass ma im Ruhezustand 's Rohr unta am Staubsauger befestiga ka, damit des woiß, wo's naghört. Park & Go! Geit natürlich ebbes her. Wenn da ebber saist, da häbest an Staubsauger mit ra »Park & Go«-Funktion, noch stoht der bestimmt still, Händ an d'Hosanoht.

Des Elektrogschäft in dr Stadt hot koine passende Staubbeutel ghet. I hau drum bei dem großa Elektrosupermarkt am Stadtrand agrufa, der wo in der Werbung immer proletet: Ich bin doch nicht blöd, und dia hent gsait, sia häbet so Dinger. I hau me also auf

d'Socka gmacht. Weil dia in dem Markt kaum no Leut beschäftiget – se send jo it blöd! – hau'ne ewig warta messa. Wo i dann drakomma be, hot dui Dame bloß da Kopf gschüttlet und gmoint, sia häbe zwar zig Staubbeutel, aber koine für da Sina 2200e. I soll me an des Service-Unternehma oder an da Hersteller wenda.

In dr Gebrauchsanleitung war d'Telefon-Nummer von dera Service-Firma natürlich angeba und ... 1,74 Euro/Min. Aha! Dia schwätzet bloß für Geld!

I hau also angrufa. A Automata-Dame hot sich gmeldet. »Sie sind mit der Firma XY verbunden. Was kann ich für Sie tun? Wollen Sie mit Vertrieb, Versand, Kundendienst oder Reklamationsabteilung verbunden werden, dann drücken Sie bitte eins, zwei, drei oder vier. Ich wiederhole.« – Wo se wiederholt ghet hot, hau i die Drei druckt. »Sie haben die Nummer Drei gedrückt, also Kundendienst. Bestätigen Sie dies, indem Sie eins drücken.« Wo i ois druckt ghet hau, send – wie noch jedem Drucka – a paar Takte Musik komma, a Art Beatles-Vrschnitt. Noch hot dui Maschee gschnorret: »Schildern Sie jetzt Ihr Anliegen genau, damit Sie mit der richtigen Stelle verbunden werden können.« Also hau i dera Maschee so gut und schnell wia möglich erklärt, was i will. Und dui hot g'antwortet: »Leider haben wir Sie nicht verstanden. Bitte, wiederholen Sie noch einmal klar und deutlich.« Noch dr dritta Wiederholung hent se anscheinend vrstanda. Dr Automat jedenfalls hot me gfroget: »Haben Sie die Gebrauchsanleitung ausführlich studiert? Wenn ja, drücken Sie die eins, bei nein die zwei.«

Noch hau'ne aufglegt. So a Kugelfuhr! Dia hättet mir so lang saudomme Froga gstellt, wiederhola und bestätiga lau, bis des Staubsaugerle drei Mol zahlt gwea wär. Noi noi, it mit mir!

I be an Computer gsessa und hau dera nobla Firma an Brief gschrieba, in dr Hoffnung, dass'r vielleicht an de richtig Stell kommt. Dann hau'ne mir dui Gebrauchsanleitung nomol vorgnomma. Unter »Erstens« ist gstanda, ma soll den ganza Roman sorgfältig durchlesa, vor ma des Gerät in Betrieb nimmt. Und weiter hent se auf dr ersta Seita gschrieba, den Sauger nia ohne ordnungsgemäß eigsetzte Filter benutza. Gut. Und ziemlich weit hinta, ma soll den Filter regelmäßig reiniga. Hoppla! Der »Park & Go«-Staubsauger braucht gar koi so a Gugga! Mei Vater hot recht ghet, der hot immer scho gsait: Wer lesa ka, ist im Vortoil. Heut woiß i, 's Lesa-Könna roicht aber it, ma muss au dua. Und alles. Und genau. Und ganz bsonders bei dr Gebrauchsanleitung für an Sina 2200e.

Also alle Aufregung umsonst!? Gott sei Dank! Aber i hau jetzt an »Park & Go«-Hightech-Hoover. Und des quasi als Zweitgerät. Do ghört ma in jedem Fall scho zu de Bessere.

O heiliger Bürokratius

D'Herra und d'Mäus fresset eis, hot mei Vatter selig immer gsait. Recht hot'r ghet. Domols. Heut hem'ma d'Mäus weitgehend im Griff, dank Bayer Leverkusen. Gega d'Herra aber hot bis dato au d'Wissaschaft koi Mittel gfunda. Mit dene messa ma leba, wohl oder übel.

Vor Kurzem be i wieder Opa worda. Und wia sich's ghört, hau i für des Enkelkind, für dui klei Rebecca, a Sparkonto eröffna wella. I hau denkt, i gang bei dr Bank vorbei, zahl meine hundert Euro ei und krieg noch a Sparbüchle mit. Aber des Fräulein … pardon, dui Frau hot mi ziemlich … ungnädig, sage jetzt halt amol, angucket. Se hot me in a Zimmerle gschoba, ist an Computer gsessa und hot an Kontoeröffnungsantrag auf da Bildschirm zauberet. Noch isch's losganga.

»Sia wellet also a Konto eröffna?«

»Genau.«

»Für Sia?«

»Noi, für mei Enkele.«

Noch hot 's Telefo gschellet. 's ist um an Dauerauftrag ganga. Und Daueraufträg, wia der Nama scho sait … na ja … 's hot dauret.

Dann isch weiterganga.

»Hent Se a Geburtsurkunde drbei?«

»Geburtsurkunde? Noi, natürlich it. Aber i ka
Ihne des klei Mädele als Beweis vorbeibringa.«

»Des nützt mir nix. I brauch a Geburtsurkunde.
Vorschrift, duat mr leid.«

Typisch, hau ne denkt, bei eis ist a Fetza Papier
immer no mehr wert wia so a klei's Mädale, so a
siaß.

»Für des Kind weret Se a Sparkonto aufmacha
wella?«

»So ist es.«

»Kündigungsfrist?«

»Kündiii ... alsooo ... langfristig halt.«

»48 Monat?«

»Guat, von mir aus, 48 Monat.«

In dem Stil isch's weiterganga: Name, Adresse, etc. pp. Ob Se's glaubet oder it, gega 100 Froga und Kästla zum Ankreuza, alloi beim Antrag. Zwoi Seita DIN A4, vorna und hinta! Doo standet au Froga druf noch IBAN und BIC. Sait im a Großvatter natürlich nix. Mit de naturalisierte schwäbische Begriff Online-Banking und E-Mail hau ne scho meh anfanga könna.

Bei Rechtsform hot dui Dame neigschrieba: wirtschaftlich unselbstständige Privatperson. Des stimmt. Unselbstständig, ka i unterstreicha. Aber scho saumäßig g'walttätig.

Kontoführung: erfolgt auf eigene Rechnung. Eigene Rechnung? Dui Rebecca ist drei Monat alt. Des vrlang 's Geldwäschegsetz. Na ja, hundert Euro. Zum Wäsche geits doo it vill.

Zwischanei hot immer wieder 's Telefo glitta. Und des Mädle hot jedes Mol lang und broit Auskunft geba. Dui Kontoeröffnung hot sich zoga und zoga, länger wia d'Kässpätzla von meiner Mutter. Wenn i hätt de ganz Stadt kaufa wella samt'm Oberbürgermeister, hätt's it zäher zuganga könna. I be doogsessa und hau mangels anderer Möglichkeita des Mädle genau fixiert, dia g'stylte Auga, des Schnäbele, tollkirschenrot dät i saga, des Blüsle ... tja ... halt ihra ganza primära und sekundära Weiblichkeit. Bei ma Großvatter weckt des aber höchstens no wehmütige Erinnerunga, a Herausforderung ist des nimme.

Später hau ne ständig mein Kuli aus dr Brusttascha zoga und wieder zruckgsteckt. Rausghollet, zruckgsteckt, rausghollet, zruckgsteckt. Und noch hau ne erst it unterschreiba derfa. Des könnet bloß de gesetzliche Vrtreter, also d'Eltera. Und des glei drei Mol. Au Vorschrift. Was heutzutag alles Vorschrift ist!

Noch hot dui Dame a zwoits Formular auf da Bildschirm g'worfa, a Zustimmungserklärung. Und jetzt wird's typisch deutsch. Auf dem Wisch müsset nämlich de gesetzliche Vrtreter unter anderem bestätiga, dass se dera Kontoeröffnung, dia se jo bloß selber vornemma könnet, dass se also dera zustimmet. So wia i des vrstanda hau, messet se sich selber bevollmächtiga. Des ist a bürokratischer Doppelsalto mit Schraube und elend langem Anlauf.

Jetzt hot dui Frau a weiters Formular auf da Bildschirm g'hollet, da Freistellungauftrag für Kapitalerträge. Kapitalerträge! Bei sage und schreibe 2,5 Prozent Zins!

Erst jetzt hot se mi an Schalter g'nomma, a Sparkonto aufgmacht und a Biachle ausgstellt. Und des hot sich wieder zoga. Se hättet mir mindestens an Kaffee anbieta könna. Zeit wär gwesa für a sechsgängiges Hochzeitsmenü mit anschließender Siesta.

Endlich hot se mir meine hundert Euro abgnomma. Dia hättet in dera Zeit scho an Waga voll Zinsa traga könna. Au mit 2,5 Prozent!

Noch muss a ganz wichtiger Kunde am Telefo gwesa sei. I hau gmoint, i vrwart's nimme, bis se endlich gsait hot: »Tschüssle, Olli, Bussi. Bis heut Obend.«

Und noch hau'ne no a Sparkässle kriegt, a Schildkröte. Bezeichnenderweise!

Am End von dem Marathon hot dui Frau gsait, se brauch no d'Personalausweis von de gesetzliche Vertreter. Von boide! Und natürlich mess i au dia unterschriebene Formular wieder zruckbringa – wenn se scho akzeptier, dass dia zwoi it persönlich vorbeikomma messe – und – unbedingt! – Geburtsurkunde.

In meiner Naivität hau'ne insgesamt a Viertelstund einkalkuliert ghet, a Sparbiachle eröffna und hundert Euro einzahla. Im Computerzeitalter! Aber doo hau'ne me schwer vrschätzt. An halba Tag Urlaub braucht ma doo mindestens. Wenn i heut an des Prozedere denk, stand i richtig unter posttraumatischem Stress. G'wunderet hots me jo, dass se it noch'm Geburtsgewicht g'froget, koi polizeilichs Führungszeugnis und koi Unbedenklichkeitsbescheinigung vrlangt hent. Noch dr nächste Verwaltungsvereinfachung braucht ma des aber bestimmt.

Öl für d'Seele

Pfarrer hents it leicht heutzutag. Se messet oft vor leere Bänk prediga, und alles, was se dent und saget, wird genauestens beobachtet und kritisiert. De Leut gohts guat, zu guat, einschließlich de Hartz-IV-Empfänger, und alle send heut jo so gscheit, oft widerlich gscheit, dia brauchet koin Herrgott meh. Doo isch's a richtiga Wohltat für de Geistliche, wenn's amol ebbes zum Lacha geit.

In Tuntenhausa, ama Wallfahrtsort im Bayrischen, ist im örtlicha Pfarrer a alts Weible aufgfalla. Se hot no de alt bayrisch Tracht traga, hot beichtet und kommuniziert und vor dr Mutter Gottes inbrünstig bettet. Dr Pfarrer hot se noch'm Gottesdienst auf'm Kirchhof angsprocha: »Mutterl, wo kommet Ihr her?«

»I komm aus Altötting«, hot des Weible verrota.

»So, aus Altötting.«

Dr Pfarrer hot sich gwunderet: Worum kommt dui zu uns noch Tuntenhausa? Zum Weible hot'r gsait: »Ihr hent doch z'Altötting au a Gnadamutter, a viel bekanntera no wia mir.«

»Jo«, hot des Weible gmoint, »aber de letzt Zeit hot se arg noglau.«

119

Dr Pfarrer von Allmendingen hot im Allgäu, auf'm Hündle, a Bergmess ghalta. Bei herrlichem Sonnaschei send seine Schäfla auf da Berg zum Gottesdienst pilgeret. A Blosmusikensemble hot d'Mess musikalisch umrahmt. Alles war wunderschee, Friede und Freude im wahrsten Sinne des Wortes. – Bis zur Predigt.

Dr Pfarrer hot von der herrlicha Schöpfung gschwärmt, von de Berg, de Bluma und de Viecher. Zmol fällt'm a Bäuerle lautstark ins Wort: »Sott halt regna.«

Alles hot gucket. Was fällt dem ei!

Dr Prediger war gschwind irritiert, hot noch aber weiter von dr Herrlichkeit und dr Güte Gottes vrzehlt. Wo'n r grad wieder so richtig in Fahrt gwea ist, fangt der Igel vorna wieder a motza: »Sott oifach regna!«

Er hot 's Maul no it zu ghet, ist'm dr Ellaboga von seiner Frau in d'Rippa gfahra, dass'r zammagklappt ist wia a Sackmesser. »Halt dei Maul«, hot se'n anzischt.

D'Leut hent unwillig reagiert. Wer loht sich scho gern so an sonniga Morga und so a erbauilicha Predigt vrsaua! – Oine Leut hent jo scho a komischa Art, um Rega z'bettlet!

Dr Pfarrer hot a kleina Paus gmacht, streng gucket und dann weiter prediget. – Aber it lang.

Der Stänkerer hot wieder angfanga: »Sott ...« Weiter ist'r it komma. Zack!! – und a Taschatuch ist'm zwischa de Zähn gstecket. Sei Weib hot'm 's

Maul gstopft, im wahrsten Sinne des Wortes. Des ist so schnell ganga, dass'r gar it checkt hot, was eigentlich passiert ist. Er hot jedenfalls nimme schwätza könna. Aber dr Pfarrer hot weiter prediga könna. Störungsfrei.

Im Kloster Untermarchtal hent sich hochrangige Manager zu ra Tagung troffa. Dr Klosterhof ist voolgstanda mit Porsche, Mercedes und Jaguar. D'Schwestera hent große Auga gmacht.

Als spirituelles Alternativprogramm hot d'Schwester Pia, a kleina, rundlicha Person, blitzgscheit und lustig, dia Geldesel durch de modern Klosterkirch gführt. 's Intresse hot sich in Grenza ghalta. It jeden reißt so a moderner Kirchabau vom Hocker. De meiste send mehr oder weniger blasiert rumgstanda, bis oiner gfroget hot, was des für a komischa Lampa sei. Er hot 's ewig Licht gmoint.

So vill Unwissenheit hot d'Schwester Pia in Fahrt brocht. Des zoig die Anwesenheit Jesu, hot se erklärt, und für sia, als Schwestera, sei des außerdem a Hinweis auf de kluge Jungfraua, dia bekanntlich, im Gegasatz zu de törichte, Öl für ihre Lampa drbei ghet häbet, wo dr Bräutigam komma, wo's druf ankomma sei.

»Und was ist euer Öl?«, hot se dann rhetorisch gfroget. Jetzt send dia hohe Herra zmol munter worra. Des Schwesterle hot dia Obergscheite offasichtlich auf 'm Holzfuß vrdwischt.

»Wie lange fährt euer Auto ohne Öl?«, hot se weiter gfroget. »Bestimmt nicht lange. Dann sitzt der Kolben fest oder der Motor ist ganz kaputt.«

Gewisse autospezifische Kenntnisse hot d'Schwester also ghet, zur Überraschung von alle.

»Wir sollten nicht nur sorgen, dass unser Auto Öl bekommt«, hot se dann weitergschwätzt, »auch unsere Seele braucht Öl. Hier in der Kirche, beim ewigen Licht, beim Herrgott, können Sie ausruhen, ent-

122

spannen, können zu sich finden, meditieren, Ihr Leben, und was danach kommen könnte, überdenken. Das ist Öl für die Seele. Das führt Sie wieder zurück zum wahren Menschsein. Das hält Ihr Leben auf Kurs – oder bringt es wieder auf Kurs.«

Jetzt send alle nochdenklich, oine au richtig betroffa doogstanda. D'Schwester Pia hot ihren woicha Punkt troffa ghet. De klei Schwester und de große Herra! Plötzlich war's Verhältnis umkehrt. Mit'm Öl hot se dia Herra packt ghet. Wer hätt denkt, dass Öl sogar in dr Kirch a Roll spiela könnt?

Schmiera – also öla – und salba hilft allenthalba, hilfts it bei de Kärra, noch hilfts doch bei de Herra. Hoißts. Da zwoita Toil von dera alta Weisheit müsst ma a bissle umformuliera: 's hilft bei de Kärra *und* 's hilft bei de Herra. – So oder so.

Ma muss alles lerna

Professora send au bloß Leut. Betonung liegt auf bloß. Dr Doktor Paul G., Professor für theoretische Mathematik, zum Beispiel.

Dr Herr Doktor Paul G. war Mathematiker mit Leib und Seel, a weltweit anerkannta Kapazität. Bei seine Studenta war'r außerordentlich beliebt. Er hot jedem g'holfa, wenns a bissle ganga ist. Papa Lieb war sei Spitznama bei de Studenta. Und den Nama hot'r sich redlich verdient ghet. Sei Alltagstauglichkeit allerdings war begrenzt.

Noch jahrzehntelanger Tätigkeit als Hochschullehrer ist'r vor dr Pensionierung gstanda. Einerseits mit Freud, andererseits mit Wehmut hot'r aufs End von seiner aktiva Zeit g'wartet. Wo's so weit war, hot ma den guata Ma mit schöne Reda, mit Lob, mit ma Fahrrad für ihn und mit ma Blumastrauß für sei Anne in Ruhestand vrabschiedet.

Seiner Frau isch's himmelangst gwea. Was mach i au mit dem Theoretiker da ganza Tag dahoim? Aber doo gäbs koine Probleme, hot'r ihr vorgschwärmt. »Als Emeritus fahr i mit dir zwoi Mol in Urlaub jedes Johr und oimal ins Bad. Ma muss ebbes dua für seine alte Knocha. Und jeden Tag ganga ma mitnand spaziera, dent radfahra, bsuchet Konzerte und Ausstellunga.«

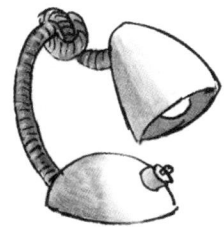

»Und mein Haushalt? Wia stellst dr du des vor?«,
hot'n sei Anne bremst.

»A was«, hot'r Paul gmoint, »i helf dr. Noch sem-
ma schnell fertig. I ka staubsauga, kehra, abstauba
und einkaufa.«

So ganz ist d'Anne it überzeugt gwea von seine
diesbezügliche Fähigkeita. Ihre Erfahrunga im Ur-
laub waret it so, dass se hätt in dera Richtung einiges
erwarta könna. An Ma mit zwoi linke Händ! Und
koi Aufgab! Aber vielleicht ka'n r jo no a bissle ebbes

125

Praktischs lerna. Bei Professora dauret des zwar a bissle länger wia bei normale Leut, aber grundsätzlich send se natürlich au lernfähig.

Scho am ersta Tag im Ruhestand ist'r zum Einkaufa ganga. Im Supermarkt hot'r sein Zettel rauszoga und afanga sucha. A mühseliga Arbet, wenn man von dera Eikauferei gar koi Ahnung hot. Er hot dia Regal mindestens a halbs Dutzet Mol abgloffa. Mit dr Zeit hot'r seine Sacha gfunda. Jeden Posta hot'r auf seim Zettel mit'm Kugelschreiber abghokt, vor'r dia Naturalien in seiner Tascha vrstaut hot: Kaffee, Butter, Sahne, Nudla, Schoklad und Räucherlachs.

Zmol packt'n a Ma am Ärmel: »Jetzt hab ich Sie erwischt! Öffnen Sie Ihre Tasche!«

Dr Paul ist z'Tod vrschrocka. »Aber ... aber ...«

»Ihre Tasche!«, hot'n der Ma anbellet.

»Aber warum, was ist denn los ...?« Dr Herr Professor hot gar nix begriffa.

»Tun Sie nicht so scheinheilig! Öffnen Sie Ihre Tasche! Los!«

Dr Paul hot sei Tascha aufgmacht und den Ma, offasichtlich dr Kaufhausdetektiv, hilflos agucket. »Und? Das ist ja ein Hammer! Was haben Sie dazu zu sagen?«

Dr Herr Professor hot g'stotteret: »I hau doch grad an Kass vor wella. Gucket Se doo den Zettel von meiner Frau.«

»Ausreden! Kenne ich! Kommen Sie mit!« Der Detektiv hot mit oiner Hand d'Tascha packt, mit dr andera den Paul am Ärmel in sei Büro zoga.

Unterwegs hot a Angstellte freundlich grüßt: »Guta Tag, Herr Professor.« Dr Detektiv hot g'schwind dumm gucket, ist aber unerbittlich blieba, und sei Delinquent hot sich in Grund und Boda gschämt. Er, dr Herr Professor, a Kaufhausdieb! Und hot doch mit koim Gedanka ans Stehla denkt.

Im Büro hot'r noch auf ma kalta Plastikstuhl warta messa, wia auf dr Armsünderbank. Noch ra halba Ewigkeit ist dr Detektiv mit'm Gschäftsführer zruckkomma. Dcr hot da Herr Professor au kennt. Er hot sich glei bei ihm entschuldigt, des sei a Missvrständnis, 's gäb eba so übereifrige Kaufhausdetektiv ... Natürlich häbet sia nia denkt, dass er ... also ... jo ...

Dr Paul hot gar it gwisst, wia ihm gschieht. Er hot sich seinerseits entschuldigt ... 's erste Mol und a bissle aufgregt und nix denkt und so ... Und noch hot'r sich hundert Mol bedankt und ist mit seim Sortiment an Kass g'schlicha zum Zahla.

Dahoim hot'r den peinlicha Zwischafall seiner Frau vrzehlt. Dui hot bloß da Kopf gschüttlet: »I hau's jo gwisst«, hot dui gmoint, »und du hoscht Mathematik g'lehrt!«

Am andera Tag hot sei Anne a Nachttischlämple nunderkeit. 's war ihre glei klar, dass se 's gleiche nimme kriaga könnt, des Ding war schon mindestens dreißg Johr alt. Muss ma eba neue kaufa.

Dr Paul hot sei Frau überrascha wella. Wo nr gega Obend spaziera gloffa ist, hot'r den großa Möbelmarkt agsteuret. Doo hots Lampa ghet, ma hätt halb Mitteleuropa mit neue Beleuchtungskörper vrsorga könna. Dr Paul ist auf an Vrkäufer zua: »Hent Sia au Nachttischlämpla?«

»Aber natürlich.«

»Noch gebet Se mir zwoi.«

Jetzt hot der Verkäufer ziemlich ungläubig gucket. Dr Paul, intelligent, wia Profesora halt amol send, hot gspannt, dass'r ebbes falsch gmacht hot. »Sia«, hot der Vrkäufer jetzt agfanga, und a gewissa Vrwunderung hot ma dem Ma deutlich agmerkt, »mir hent hunderte Nachttischlämpla, aus Glas, Porzellan, Holz, Metall, Kunststoff, blaue, weiße, grüne, gelbe und tausend vrschiedene Forma. Was wellet Se für oine?«

Dr Paul ist ganz vrdatteret doogstanda. Schließlich hot'r gstotteret: »Doo muss i doch zerscht mei Anne froga.« Mathematik hot'r beherrscht, Integralgleichunga, die Lehrsätz vom Thales und vom Euklid, aber mit dr höhera Hausfrauamathematik, mit'm Eikaufa, hot'r seine Schwierigkeita ghet.

Dahoim hot'r von dem missglückta zwoita Vrsuch nix gsait, sei Anne hätt'n sonst bestimmt mit ma totala Einkaufsvrbot belegt. Erst Monate später, längst hot'r zsamma mit seiner Frau neue Nachttischlämpla kauft ghet und 's oifache Einkaufseinmaleins hot'r au intus ghet, Monate später also hot'r seiner Anna sei Glanzleistung g'standa. Dui hot bloß gmoint: »Bei dir wunderet mi des it.«

Professora send eba au bloß Leut. Au. Bloß.

Saua und Sauerkraut

Dr Christoph hots als oberschwäbischer Unternehmer zu beachtlichem Wohlstand brocht. Trotzdem ist'r a Pfennigfuchser, a Entaklemmer blieba, wia eh und je. Nia het'r oim a Fläschle Bier zahlt, vill weniger no ebbes tua ohne Bezahlung. Sei Frau hot amol gsait, ihra Ma hätt no d'Strampelhosa a, wenn m 's sui it ra dua hätt.

Au wenn ma's gschafft hot, will ma auf gewisse, von de Eltara übernommene Traditiona it verzichta. Aufs Kraut eischneida zum Beispiel. Und aufs Metzga. Wenn im Winter dann 's Sauerkraut im Ofaröhrle pflutterat, drzua an schöna, durchwachsana Schweinehals ... mmmh.

Im Christoph sei Frau, a Stuagertere, a studierta, hot z'Plieninga Filderkraut kauft und dahoim eigschnitta. Des war no relativ oifach. A entsprechenda Sau zum finda, hot sich als wesentlich schwieriger rausgstellt. Se hot it aus ma Massastall komma derfa, weil ma doo jo bekanntlich 's pure Gift fuatteret. Außerdem hots a alta, bodaständiga Rass sei messa. Und selbstvrständlich hot ma des Tierle vom ersta Tag a natürlich und artgerecht aufzieha messa, ganz ohne Chemie. D'Frau hätt dera Sau am liebsta Sacha aus'm Reformhaus zukomma lau, aber doo hot dr

Christoph energisch sei Veto einglegt. 's hätt jo nix kosta solla. Schließlich hent se a weitläufiga Verwandta gfunda, wo se noch sorgfältiger Prüfung für würdig befunda hent, für sia a Sau zum mästa, bloß mit wirtschaftseigenem Futter, bei natürlicher Haltung mit Auslauf und so und alles ökologisch einwandfrei und alles bei vrtretbare Kosta.

Wo's Sauerkraut und d'Sau so weit gwea send, hent se an Hausmetzger ausfindig gmacht, von dem bekannt war, dass'r gute Würst und herzhafts Rauchfloisch macht. Noch hent se bei dera Vrwandta d'Sau ghollet. Mit ma billiga Anhängerle. Für so an Sautransport duats glei. Wo se noch ungfähr zehn Kilometer noch dem Tierle gucket hent, war dr Anhänger leer. »Ja sackerdi, wo ist dui Sau!? D'Plana ist no ganz, nirgends a Loch. Wo ist des Mensch nauskomma?! Was dam'ma jetzt? So a Sauerei!«

Ende November isch's um fünfe schon ziemlich dunkel. Wia soll ma doo a Sau sucha? Se hent umdreht ohne großa Hoffnunga und send zruckgfahra, de ganz Strecke, in Schlangalinia wia Bsoffene, dass d'Scheiwerfer auf boide Seita hent an Stroifa ausleuchtet könna. Dr Christoph hot links nausgucket, sei Frau rechts. Aber koi Spur von dera Ökosau.

Ziemlich ratlos send se wieder hoimwärts gfahra. Mist!

Zmol ist im Radio a Durchsag komma, in R. spring a Schwein auf dr Stroß rum. D'Autofahrer sollet vorsichtig sei. »Des ka bloß eiser Sau sei!«, hot dr Christoph gschriea, umdreht und Gas geba.

Scho von Weitem hent se in R. 's Blaulicht blinka
seha. Polizei war also au scho doo. »Hoffentlich ist
nix passiert!« Dr Christoph hot a mulmigs Gfühl
ghet.

A Polizist hot die zwoi anghalta. Se messe a bissle
warta, doo vorna häbet se a Sau gfanga und däbet se
grad ... »Des ist de eiser!«, hot dr Christoph da Poli-

zista unterbrocha. Der Uniformierte hot gschwind dumm gucket. »Sia kommet von Ravensburg dr Nummer nooch, und doo sem'mr an dr Dona. Doo messet Se scho Beweise liefara. Was war de Ihra für a Sau?«

»Was war des für a Sau? A Sau halt, a ganz normala. Besondere Kennzeichen? Keine, hoißts im Ausweis.«

Dr Christoph ist mit dem Polizista zu dene Sautreiber fürre. Dia hent des Viech grad im örtlicha Metzger sein Anhänger neibugsiert. A ganz Bataillon Helfer und Helfershelfer ist im Eisatz gwesa.

»Robert, halt, des ist *mei* Sau!«, hot dr Christoph gschria. Er hot da Robert, da Metzger, guat kennt. Noch hot'r vrzehlt, wia alles ganga ist. Aber wia des Zwoiahalb-Zentner-Viech trotz dera Plana hot naussaua könna, des ist a Rätsel blieba. Normalerweis derf ma heut dia überzüchtete Kotlettständer bloß scharf angucka, noch fallet se um und send he. Und dui Sau überstoht an Absprung bei mindestens achtzig Sacha ohne Sturzhelm und Knuischoner schadlos. Seit'm Schweinchen Babe woiß ma jo, zu was für Ferkeleia so Sauviecher fähig send, aber was dui ökologisch aufzoge Metzgsau fertigbrocht hot, des nötigt allen Respekt ab. Vrmutlich hot se ghört, wo dui Bäuere gsait hot: »Dui messet dr mit Kanona verschießa, so gsund ist dui.« Bei so ma Ausspruch denkt sich au a Sau ihren Toil.

Natürlich fangt ma so a Sau it umsonst. Und au no bei Nacht! Dia Schweinejäger hent voller Respekt und Bewunderung vrzehlt, wie des Lumpatier umananderpfurret sei. A Wildsau sei a Dreck drgega. Dr Christoph jedenfalls hot da ganza Haufa in Krona eilada messa. So a nächtlicha Sauhatz macht Hunger und Durst. Und wenn alle wisset, dass dr Zahlmoister wohlhabend, aber dr größte Knicker Süddeutschlands ist, noch ist dr Hunger doppelt und dr Durst dreimol so groß. Am Schluss hätt'r für dui Zeche zwoi Saua kaufa könna und da Metzger drzua. Und koi Mensch hot Mitleid ghet mit'm. – Biosaua hent halt ihren Preis – direkt oder indirekt! Und bei dera Glegahoit ist dem Knauserer au klar worra, woher des Wort saumäßig kommt.

Alte Esel

S ist scho oinige Krautherbst her. I be sellamol so Mitte vierzig gwea, a gstandes Mannsbild also. Sott ma jedenfalls moina.

Mir send von der Dona an Bodasee gradlet, zu viert, zwoi Ehepaare. Warm isch's gwea, und Gegawind hemma ghet. Des hot Hunger und vora allem Durst geba. Nooch Wilhelmsdorf, in dr Nähe vom Illmensee, hent mir da dritta Halt eiglegt. Eisere Fraua hent alles drbeighet, was ma zu ma herzhafta Vesper so braucht. Mir send unter an Birabaum gsessa und hend an dem Freiluftbüfett tüchtig zugschlaga.

Auf dr linka Stroßaseita hot sich a langa, steila Halda naufzoga, so drei, vier Ackerlängana, bis zu ra bewaldata Kuppa.

Und ganz oba am Wald waret in Reih und Glied a paar Dutzet so riesige, maschinapresste Strohballa aufgstellt. Strohballa! I woiß it, war des 's Kind im Manne oder dr homo ludens, also dr Spieler in mir, jedenfalls hot mi des immer scho bitzlet, oimol so a Wargel ... tja ... alsooo ... Mein Schwoger Franz hent ähnliche Gedanka umtrieba. Jeder richtige Ma seit'm alta Adam selig will schließlich amol so a Strohkugel da Berg rasaua lau.

135

Die Balla send antretta gwea wia d'Soldata, wia auf Abruf. Je länger i naufgucket hau, je klarer isch mir worra: Dia wartet bloß druf, dass se losglau werret. Dia hent richtig bettlet, dass endlich ebber aschuckt, ebber da Marschbefehl geit.

Eisere Fraua hent gschimpft: »Ihr spinnet wohl! Fällt ui nix Bessers ei! Ihr send jo minder wia kleine Buaba, ihr alte Esel!« Se hent natürlich recht ghet. Mittelalterliche Herra und so a Schnapsidee! So neue Ma von heut hättet wahrscheinlich gfolget, aber Kerle wie mei Schwoger und i, domols, mir hent eis it neischwätza lau. Andere spielet mit dr Märklin-Eisabah oder bauet Sandburga. Und mir hent bloß so an Strohballa rasaua lau wella. Oin wenigstens. Und bloß oimol. Schada hem'ma koin anrichta wella. Ums Himmels willa!

Mir send also ganz lässig doo naufgschlenderet, wia wenn mir in friedlichster Absicht unterwegs wäret, wia wenn ma bloß d'Fiaß vrtreta wettet. Wenn eis ebber zugucket hätt, wär der nia auf dui Idee komma, dass mir an Anschlag plana, dass mir a subversiva Aktio im Schild führa könntet.

Dass Stroh so schwer sei ka, hätt i wirklich it denkt. Zu zwoit hem'ma dia Kugla grad a bissle zum Knappa brocht. Oina ist ziemlich spitzig vorna dana glega. Mit a paar Stanga hem'ma se loshebla könna. Hooo ruck! – und ab die Post. Und wia! Glei oba dana isch's an richtig steila Stich naganga. Der Balla hot sofort mächtig Fahrt aufgnomma. I ka Ihne saga!

Wia Tsunami ist'r immer schneller und fürchterlicher worra. Ma muss des erlebt hau, wia so a Gschoss d'Halda nabraust. Wia dr Leibhaftig! Eis isch ganz dreierloi worra.

Unta send vier Roiha Obstbäum gstanda. Noch ist dr Graba komma und noch d'Stroß. Hoffentlich krachet des Monster an an Baum! Und an an dicka, an dünna walzts nieder! Und wenn's dur da Garta dureschuißt ...?

Ziemlich weit dunta, wo 's Gelände noch rechts ghanget ist, hot der Balla zmol d'Richtung gänderet – und nei in an Woizaacker. Noch zwanzig, dreißig Meter hot'r an Satz gmacht wia a Goißbock und ist auf de recht Seita gfloga. Blattschuss! Aus! Gott sei Dank! Am untera End vom Woizaacker send nämlich koine Bäum gstanda.

Eis ist d'Zugspitz vom Herza gfalla, dr Schreck ist eis in alla Knocha ghocket, und d'Knui hent gschlotteret wia Vanillepudding.

Der Strohballa hot in den Woizaacker a Schneise der Verwüstung gschlaga, den Woiza umrasiert, bsonders wo'r ganz am Schluss no aufm Bauch weitergschlitteret ist.

So ähnlich muss ausseha, wenn a Meteorit eischlägt. Für eis war des wirklich wia a kosmischa Katastroph. Was, wenn mir zwoi oder fünf oder gar zehn so Lawina losglau hättet?

Und unsere Fraua ...!? Natürlich hent se recht ghet. Se hent uns jo gwarnt. Mir wäret aber au so gstrofet gnuag gwea, noch dem Schrecka.

Aber worum hot dui Strohwalza so an Satz gmacht, dass se aus'm Gleichgwicht komma und auf d'Seita gfloga ist? Mir hent des Gelände genau untersucht: koi Maulwurfshaufa, koi Fuchsbau, koi Amoisahügel, nix. Mysteriös. Entweder ist se über de oigene Fiaß gstolperet oder 's gschehet tatsächlich no Wunder, au heutzutag.

Aber jetzt wia weiter? Mir zwoi Strohmänner send doogstanda, wia wenn ma d'Hosa vool hättet. Schließlich hent eisere Fraua entschieda: »So schlimm ist dr Schada it. Mir fahret weiter.«

Meine Enkelkinder hau ne dui Gschicht mit dem wild gwordana Strohballa no it vrzehlt, se wettets sonst jo doch glei besser macha wia ihra Großvatter seinerzeit.

Wenn ma aber wirklich an Baura gschädigt hau sottet, noch ka sich der bei mir melda, und er kriegt sein Schada voll ersetzt, samt Zins und Zinseszins.

Zahn der Zeit

Normale Leut hent Probleme mit de Zähn, so lang se lebet, vom ersta bis zum letzta Tag. Und noch geits no oine, mi beispielsweis, dia zahnet au no in dr Zeit drzwischa. Schlimm, ganz schlimm! Und ohne Zähn sieht ma halt aus wia Saustalltür. Vrmutlich send früher d'Leut drum scho mit fünfadreißg oder vierzig gstorba, weil se it ohne Zähn hent leba wella.

Mein ersta Zahn hot mr mei Bruder zoga noch dr klassischa Methode: Fada rum, 's End an Türschnalla, bums – hussa! Doo war i vielleicht fünf Johr alt.

Später, in dr Schulzeit, isch's nimme ganz so oifach ganga. Wenn doo a Zahn wehdua hot, ist ma ins Nochberdorf zum Frisör marschiert. Der hot natürlich koi Prüfung ghet, it als Frisör, vill weniger no als Zahnarzt. Aber a Zanga hot'r ghet. Diagnose und Therapie waret immer gleich: Raus mit dem Sauhund! Ebbes anders hots it geba. Er hot a bissle so hinterfotzig rumgschwätzt: »Jetzt lass halt amol seha. – I glaub, den braucha ma gar it zieha. – Lass amol a bissle probiera.« Noch hot'r sei Zanga angsetzt ... Zack! – Problem glöst. Meistens. Bei de Milchzähn jedenfalls. Bei de andere hot'r gelegentlich a Blutbad angrichtet. Doo hots dann scho amol

ausgseha wia im Schlachthaus. G'storba ist aber koiner. 's Wichtigst: 's hot nix kostet. Er hot au koine
Aufwendunga ghet. Einspritza? Der hot gar it
g'wisst, was des ist.

Am zwoita Weihnachtsfeiertag ist in dr Kirch a
etwa sechzig Johr alta Dame neba uns im Bank
gwea. Des Weib hot g'sunga, mindestens so laut und

so ekstatisch wia d'Maria Callas. Beim »Nun freut euch, ihr Christen ...« schlägt se zmol reflexartig ihra rechta Hand vors Maul. Aus mit Singa. Noch langet se in Schnabel nei und hollet ... genau ... 's Gebiss raus. Unser Enkel, wo no nia a aktiva Vollprothes g'seha ghet hot, gucket ganz entgeisteret. Noch nimmt des Weib aus ihrem Täschle so a ... ja ... Puderdos und puderet ihre Kunststoffbeißerla ei. In dr Kirch, während dr Opferung! Wo se ihra Zahnbehandlung abgschlossa ghet hot, hot se ihra Pferdegebiss wieder ins Maul g'schoba und wia auf Knopfdruck weiter g'sunga: »... kommt, lasset uns anbeten.«

Unser Enkel aber hots kaum vrwarta könna, bis d'Kirch rum gwea ist. Scho unter dr Kirchatür hot'r losglegt: »Opa, hosch gseha, dui Frau hot Zähn rausdua, doo isch no 's Zahnfloisch danaghanget.«

Zähn send teuer. Des woiß jeder. Dr Sauhändler G. hot johrelang bloß no an oiziga Zahn ghet, da Dreier, links oba. Er hot ausgseha wia a amputierter Dracula. Sei Familie hot'n ständig drängt, er soll endlich seine orale Ruina in Ordnung bringa lau. Aber ihm wars oifach z'teuer. Sei Tochter hot g'moint: Wenn ma gebrauchte kaufa könnt, hätt mei Vatter scho lang nuie. Weil ma bei eis aber koine gebrauchte kaufa ka, drum hot dr Sauhändler G. mit seim gotziga Fangzahn, vorna, links oba, bis an sei seligs Ende leba messa.